本书获得中央高校基本科研业务费专项资金资助（《"产出导向法"的ESP"金课"设计与实践》，项目编号2020MS142）。

专门用途英语课程构建与教学研究

赵 洁◎著

吉林大学出版社

·长春·

图书在版编目（CIP）数据

专门用途英语课程构建与教学研究 / 赵洁著 . -- 长春：吉林大学出版社, 2023.6
ISBN 978-7-5768-2170-3

Ⅰ . ①专… Ⅱ . ①赵… Ⅲ . ①英语 – 教学研究 Ⅳ . ① H319.3

中国国家版本馆 CIP 数据核字 (2023) 第 188282 号

书　　　名	专门用途英语课程构建与教学研究
	ZHUANMEN YONGTU YINGYU KECHENG GOUJIAN YU JIAOXUE YANJIU
作　　　者	赵　洁　著
策 划 编 辑	殷丽爽
责 任 编 辑	殷丽爽
责 任 校 对	安　萌
装 帧 设 计	李文文
出 版 发 行	吉林大学出版社
社　　　址	长春市人民大街 4059 号
邮 政 编 码	130021
发 行 电 话	0431-89580036/58
网　　　址	http://www.jlup.com.cn
电 子 邮 箱	jldxcbs@sina.com
印　　　刷	天津和萱印刷有限公司
开　　　本	787mm×1092mm　1/16
印　　　张	12.25
字　　　数	200 千字
版　　　次	2024 年 9 月　第 1 版
印　　　次	2024 年 9 月　第 1 次
书　　　号	ISBN 978-7-5768-2170-3
定　　　价	72.00 元

版权所有　翻印必究

作者简介

赵洁，女，1980年11月出生，汉族，籍贯河北保定满城，硕士，现就职于华北电力大学保定校区，职称讲师，主要从事大学英语教学，研究方向为英语语言文学和语言教学。

前　言

随着改革开放政策的实施和对外合作的加强,我国涉外关系的事件越来越多。这要求涉外工作者不但要有足够的专业知识,还要有较高的英语水平,尤其要熟知该领域的专业英语知识和技能。我国目前虽有相当多比较成功的行业人士,也有相当多的人精通英语,但二者兼顾的人士却不多。近年来,随着大学英语教学改革的逐渐深入越来越多的英语选修课正在逐步替代过去单一的综合英语课。其中,专门用途英语(English for Specified Purposes,简称ESP,也用来泛指涉及各专业学科的专业英语)作为选修课受到越来越多教师和学生的重视,很多大学英语教师开始着手专门用途英语教学的实践和研究。目前,高校的外语教学已经从"大学外语"的单一层次发展为三个层次,即普遍意义的大学外语、各专业开设的专业外语以及双语教学中的语言教学维度。大学外语教学一直是高校外语教学研究的重要课题,双语教学也是高校近年来热烈探讨的话题。相对而言,国内对专业外语教学的研究较为薄弱。综合英语课程的"熟手型"教师,转型为专门用途英语教师时,成了"新手",亟须专门用途英语教学理论和实践方面的指导。

本书第一章为专门用途英语概述,分别介绍了专门用途英语的概念与类型、专门用途英语的起源与发展、专门用途英语与一般英语的关系三个方面的内容;本书第二章为专门用途英语的课程构建,主要介绍了三个方面的内容,依次是专门用途英语课程设置和课程设计、专门用途英语的课程评估和教师队伍、专门用途英语的教材设计和教学大纲;本书第三章为专门用途英语教学的理论分析,分别介绍了三个方面的内容,依次是专门用途英语教学的理论基础、专门用途英语教学的需求分析、专门用途英语在教学中的地位；本书第四章为专门用途英语教学的实践应用，依次介绍了专门用途英语教学的模式与方法、专门用途英语教学的评价实施、专门用途英语的课堂教学实践三个方面的内容；本书第五章为新时代背景下专门用途英语创新教学，主要介绍了两个方面的内容，分别是产出导向法在专门用途英语教学中的应用、专门用途英语教学"金课"建设路径。

在撰写本书的过程中，笔者得到了许多专家学者的帮助和指导，参考了大量的学术文献，在此表示真诚的感谢！

限于作者知识有不足，加之时间仓促，本书难免存在一些疏漏，在此，恳请同行专家和读者朋友批评指正！

赵洁

2023 年 1 月

目 录

第一章 专门用途英语概述 ··· 1
 第一节 专门用途英语的概念与类型 ·· 1
 第二节 专门用途英语的起源与发展 ·· 7
 第三节 专门用途英语与一般英语的关系 ··· 15

第二章 专门用途英语的课程构建 ··· 19
 第一节 专门用途英语课程设置和课程设计 ·· 19
 第二节 专门用途英语的课程评估和教师队伍 ··· 37
 第三节 专门用途英语的教材设计和教学大纲 ··· 54

第三章 专门用途英语教学的理论分析 ·· 82
 第一节 专门用途英语教学的理论基础 ··· 82
 第二节 专门用途英语教学的需求分析 ··· 97
 第三节 专门用途英语在教学中的地位 ··· 103

第四章 专门用途英语教学的实践应用 ·· 113
 第一节 专门用途英语教学的模式与方法 ··· 113
 第二节 专门用途英语教学的评价实施 ··· 140
 第三节 专门用途英语的课堂教学实践 ··· 152

第五章　新时代背景下专门用途英语创新教学························173
　　第一节　产出导向法在专门用途英语教学中的应用··············173
　　第二节　专门用途英语教学"金课"建设路径······················177

参考文献···184

第一章 专门用途英语概述

本章主要内容为专门用途英语概述,主要从三个方面阐述,分别是专门用途英语的概念和类型、专门用途英语的起源和发展、专门用途英语与一般英语的关系。

第一节 专门用途英语的概念与类型

一、专门用途英语的概念

随着"专门用途英语"的发展,不同理论学家也赋予了其不同的定义。

(一)韩礼德、麦金托什和史蒂文斯的定义

20世纪60年代,在著名的语言学家韩礼德(M.A.K.Halliday)、麦金托什(M.A.Mcintosh)和史蒂文斯(P.Stevens)合著出版的《语言科学与语言教学》(The Linguistic Sciences and Language Teaching)中,"专门用途英语"的定义为:"English for civil servants; for policemen; for officials of the law; for dispensers and nurses; for specialists in agriculture; for engineers and fitters."即公务员英语、警察英语、法官英语、药剂师和护士英语、农业专家英语、工程师和装配师英语。

1988年史蒂文斯再次将专门用途英语定义为:"Broadly defined, ESP courses are those in which the aims and the content are determined, principally or wholly not by criteria of general education (as when English is a school subject in school) but for functional and practical English requirements of the learner."[①] 广义地说,专门用途英语课程的目的和内容,不完全或者说根本不取决于普通教育的标准(如英语在学

---

① Strevens P. ESP after twenty years: Are-appraisal [C]//Tickoo M. ESP: State of the art. Singapore: SEAMEO Regional Language Centre, 1988: 1-13.

校被当作一门学科），而是取决于学习者对功能和实际应用英语的需求。

史蒂文斯把专门用途英语和普通英语看作两个明显不同甚至相对立的概念，专门用途英语的教学目标、教学内容和交际需求很明确，需求在其中占据主导地位，而传统的 EGP 仅仅是把英语看作一门独立的语言课程。

史蒂文斯有关专门用途英语的详细定义包括四个绝对特征和两个可变特征。

1. 四个绝对特征

第一，满足学生的特定需求而设定。

第二，内容上与特定学科、职业和实践活动相关。

第三，重视研究适用语言中的语法（grammar）、词汇（lexis）、语篇（discourse）、语义（semantics）和语篇分析（analysis of the discourse）等问题。

第四，与"一般英语"（General English）形成对比。

2. 两个可变特征

第一，可以只限于某一语言技能的培养，如只学习阅读技能。

第二，专门用途英语不局限于任何一种教学法。

虽然史蒂文斯的定义比较全面，但也有不足。在第二条根本特征中，他指出专门用途英语在内容上与特定学科、职业和实践活动相关，这容易让教师产生一种误解，专门用途英语只与学科内容相关。其实，专门用途英语教学应该反映的是某一学科的基本概念和实践活动，而不一定完全是学科内容。例如，有关学术用途英语的教学，教师应使学生掌握学习的一些基本方法，如问题求解法，而不应单纯围绕学科内容来讲解。在第四条根本特征中指出与"一般英语"形成对比，说明二者存在很大的不同。其实，虽然专门用途英语与一般英语在教学内容上有差异，但"教"与"学"的过程是相同的，应用的教学理论和方法也没太大区别，总的来说共性大于特殊性。例如，普通英语教学常用的任务法、交际法也适用于专门用途英语，"教"与"学"的目的都是满足学生的需求等。

（二）罗宾逊的定义

罗宾逊（Robinson）也认同史蒂文斯的一些看法，在给专门用途英语下定义时同样进行了需求分析，其定义主要建立在两个重要的区别性标准和许多普遍被认为是专门用途英语的特征的基础上。在罗宾逊看来，专门用途英语主要的标准为，以目标为指导；课程的设立以需求分析为基础，这一需求分析旨在明确界定学生利用英语这一工具要做的事情。另外，罗宾逊还描述了专门用途英语的一系列特征，如专门用途英语一般必须在有限的时间内实现教学目标，并且课程设计的对象为成年人，他们具有相似的语言程度、教育背景、工作背景或专长，罗宾逊形容这样的学生群体为"同质班级"（homogeneous classes）。

（三）达德利·埃文斯和约翰的定义

达德利·埃文斯（Dudley-Evans）和圣约翰（St.John）认为，专门用途英语的定义应该反映这样一个事实——多数专门用途英语的教学，尤其是与某一特定职业或特定学科有关的专门用途英语教学，所利用的教学方法应与一般用途英语教学法不同。这个定义强调专门用途英语教学方法的两个方面：一方面，专门用途英语教师和学生在课堂中存在交流与互动。在较普通的专门用途英语课中，这种交流互动与普通英语课类似；而在较专业的专业用途英语课中，教师的角色应该更像一个语言顾问，与具有特定专业知识的学生之间有平等的地位。另一方面，专门用途英语教学应反映它所服务专业教学的基本方法与活动。

有关专门用途英语的详细定义，埃文斯和约翰也以绝对特征和可变特征来界定：

1. 绝对特征

第一，为满足学生的特定需求而设定。

第二，反映了它所服务学科的基本教学方法和实践活动。

第三，关注与这些实践活动相适应的语言和技巧，包括语法（grammar）、词汇（lexis）、语域（register）、技能（skills）、语篇（discourse）和体裁（genre）。

2. 可变特征

第一，可能与特定学科有关或为之而设定。

第二，在具体的教学中，可能使用有别于一般用途英语的教学方法。

第三，课程通常是为在高等教育机构或职业工作环境中的成年人开设，但也可以为中学生开设。

第四，大部分课程的学生群体是掌握基本语言知识体系的中级或高级水平的学生，但也适用于初学者。

埃文斯和约翰有关专门用途英语的定义与史蒂文斯的有很多相同之处，只是他们删除了史蒂文斯定义中的"与普通英语形成对比",并增加了一些可变特征,弥补了史蒂文斯定义中的些许缺陷。从埃文斯和约翰有关专门用途英语的定义可看出,专门用途英语是一种教学方式,教学目的是满足学生的特定需求,教学内容是与特定学科的实践活动和方式相匹配的语言、技能和话语。埃文斯和约翰也说专门用途英语是一种"思维态度",这一看法与汤姆·哈钦森(Tom Hutchinson)和沃特斯(Alan Waters)对专门用途英语的定义不谋而合。

(四)哈钦森和沃特斯的定义

有关专门用途英语的定义,哈钦森和沃特斯认为:

"ESP must be seen as an approach not as a product.ESP is not a particular kind of language or methodology, nor does it consist of a particular type of teaching material……ESP, then, is an approach to language teaching in which all decisions as to content and method are based on the learner's reason for learning."[1] 即专门用途英语应被视为一种方式,而非一种产品。它不是一种特殊的语言,也不是一种特殊的教学方法,也不包含特殊的教学材料……专门用途英语只是一种语言教学方式,在这种方式下,所有的教学内容和方法都取决于学习者学习的目的。

哈钦森和沃特斯认为,要想弄清专门用途英语是什么,首先要弄清学生学习语言的目的,也即原始需求。"需求"源于学生学习语言的动机,有的学生是为了更好地学习相关课程,有的则是为了更好地工作。

以上定义都有其自身的合理性,但也存在有不足之处,在此我们更为认可哈钦森和沃特斯有关专门用途英语的定义。

首先,专门用途英语在教授的语言中并不属于另类。用于专门用途的英语语言在形式上并不与其他形式的英语语言迥然不同。当然,由于语言、文化的复杂性,在特定的语言情境中使用的有些特点确有特殊,但英语使用的基本原则却是相同的,这些差异在根本上存在着共性。

其次,专门用途英语在教学方法上并不显得特殊。虽然在学习内容上专门用途英语与其他形式的英语不同,但在教学上,其所依据的基本原则都是学习的有效性,用于专门用途英语的教学法,也可用于其他种类的英语教学,并不存

---

[1] Hutchinson T, Waters A. English for Specific Purpose [M]. Cambridge: Cambridge University Press, 1987: 17.

在特殊、固定的专门用途英语教学法，只不过要依据学生的特定需求确定具体的教学方法。"ESP, is an approach to language teaching in which all decisions as to content and method are based on the learner's reason for learning."[①] 哈钦森和沃特斯（Hutchinson&Waters）认为，在开展专门用途英语教学时，首先要进行的就是"需求分析"。

二、专门用途英语的类型

（一）有关专门用途英语的两分法

以职业领域为标准，埃文斯和约翰提出了专门用途英语的两种类型，即学术用途英语和职业用途英语（见图1-1-1）。

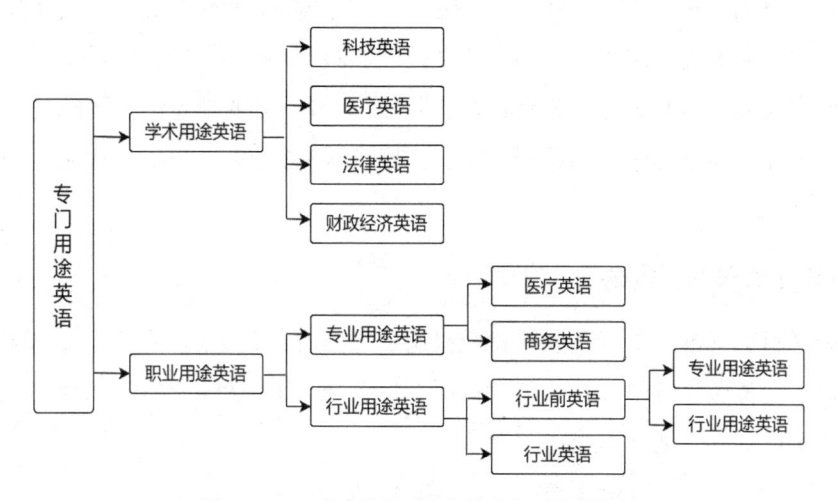

图1-1-1　以职业领域分类的专门用途英语图

由上图可见，医疗英语既可针对医学专业的学生群体用于学术研究，也可针对职业医生群体用于职场行为。职业用途英语分类中的行业用途英语又分为行业前英语和行业英语。前者主要以求职面试技能培训为中心，为求职者找工作做准备；后者主要为特定的行业人员进行语言培训。

以学习者的学习经历为标准，罗宾逊将专门用途英语分为职业用途英语和学术用途英语（见图1-1-2）。

---

① Hutchinson T, Waters A. English for Special Purpose: A Learning-Centered Approach [M]. Cambridge: Cambridge University Press, 2022: 53-64.

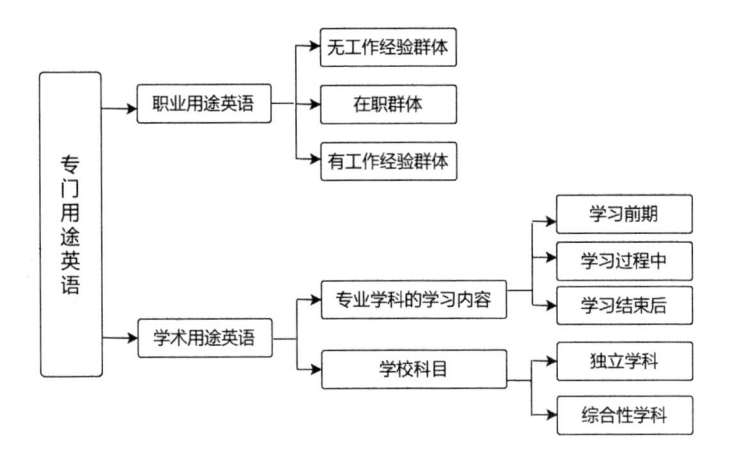

图 1-1-2 以学习者的学习经历分类的专门用途英语图

罗宾逊的这种分类方法把专门用途英语课程受众群体的经历细化得很明确，这种分类法能够提高课程设计的专业性程度。对于还未学习专业知识的专门用途英语课程来说，由于学生不熟悉学术专业内容，没有必要涉及该学科的专业知识。而对于专业学科学习中期的课程来说，则要求教师将语言与专业知识结合来讲授英语。

（二）有关专门用途英语的三分法

以学科为标准，哈钦森和沃特斯提出了专门用途英语的三种类型，即科学技术英语、商务贸易英语和社会科学英语。每个分类下又可再次分为学术用途英语和职业用途英语（见图 1-1-3）。

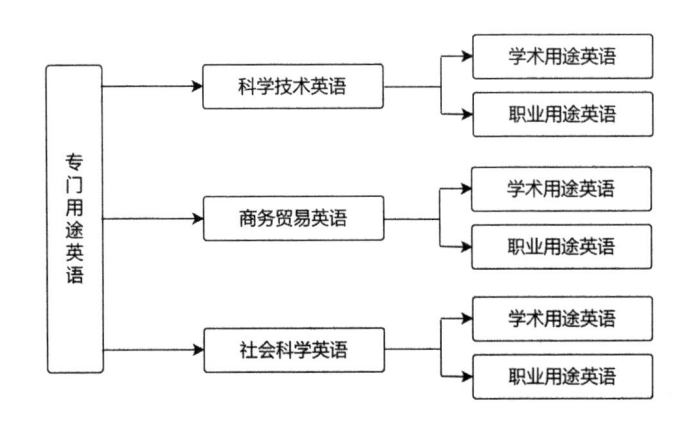

图 1-1-3 以学科分类的专门用途英语图

综合专门用途英语的两分法和三分法，我们可以总结出一些问题。

在学术用途英语中，科技英语、医学英语和法律英语是主要领域。近年来，商务、金融、经济等学科的学术性研究也越来越多。

职业用途英语是不以学术为目的、专业性较强的专业英语，以医学、法律、商务等为职业目标。这样就把商务英语（Englishfor Business Purposes，EBP）归入了职业用途英语（English for Occupational Purposes，EOP）的一个范畴。

戴维·卡特（David Carter）也将专门用途英语划分为三种类型：使用受限的英语、学术和职业目的英语及特定主题英语。

罗纳德·麦凯（Ronald Mackay）和艾伦·蒙特福德（Alan Mountford）曾对受限语言和一般语言作出了区分，认为空中指挥员或餐馆服务员在特定情境中使用的语言就是受限的英语："the language of international air traffic control could be regarded as 'special' as might be the linguistic needs of a dining room waiter or air hostess."（国际空中交通指挥语言应被视为一种"特殊"语言，这也是对餐厅服务员和空姐的语言要求。）同时，还认为这种受限的英语并不是一种语言。

这三类与上面几种的划分有所不同，它没有特定的划分标准，而且与上面更为不同的是把学术英语和职业英语归为一类，统称为学术和职业英语。尽管专门用途英语和职业用途英语在实现目的的方式上存在差异，但最终的目的都是就业。而且工作和学习是同步的，工作中可以学习，在学习环境中学到的英语也会在工作中继续使用。

第三种特定主题类型的英语和科学的英语需求有关，比如科学工作者为了进一步学习，或参加学术会议等而对英语有所需求。

第二节　专门用途英语的起源与发展

一、专门用途英语的起源

研究者普遍认为，专门用途英语的确切起源时间并不确定，但是大致可以确定它是在20世纪60年代左右产生的，而这一时期正在第二次世界大战后。

社会、经济、文化发展的程度与教育的发展程度密切相关，有着一定功能用途的英语的起源及其发展问题也均是这样的，我们将从以下四个方面来分析专门用途英语产生的原因。

（一）社会发展的需要

英国殖民地的建立使得英语成为这些地方的官方语言或通用语言。这些殖民地独立后，其中一些国家有了自己的语言，但英语仍作为通用语言用于对外经商等，如马来西亚、印度等；有些国家则把英语继承为自己的国语，如美国。而这些独立后的国家，尤其是作为移民国家的美国，经济发展迅速，这些移民为了自己的生存需要较快地掌握英语。同时，与美国有经济往来的国家，必须对有关人员进行专业英语培训才能有效进行贸易往来。

在第二次世界大战后，新技术革命掀起了一股蓬勃发展的浪潮，全球各国在政治、经济、文化和科技等领域都得到了前所未有的进步。随着国际交往的日益频繁，英语成为国际科技和经济等领域的通用语言，尤其是美国和英国科技和经济实力的不断增强，更是为英语成为通用语言打下了坚实的基础。越来越多的人开始热衷对英语的学习。特别是那些希望能够阅读英语权威专业文献的技术人员、在英语机构工作的上班族等，他们学习英语并不仅仅是为了考试、获取证书，而是希望借助英语这门语言同国际接轨，与国外同行进行技术、研究成果等的交流。由此可见，各行各业对外语的需求大为增加。

（二）人们对英语教学认识的深化

随着时代的进步，人们渐渐明白，语言的一般功能之一是信息传递，那么作为交际工具的英语仅仅停留在阅读上是不够的，于是便出现了口语教学。而随着社会的进一步发展，人们再次认识到传统的语言描述、教学只是解释英语语法的规则，属于英语的"共核"部分，但英语在不同的领域中存在着很大的差异，如医疗英语与经济英语在词汇、语法等方面都存在不同，掌握这些"共核"英语后，学生仍不能有效适应具体的语言交际环境。人们对英语教学的这种深化认识进一步推动了专门用途英语的产生。

21世纪国际化的社会对外语人才的需求趋向多元化，市场对单纯外语专业毕业生的需求量正逐渐减少，却需要较多精通业务又具有较强英语能力的复合型人才，这既需要非英语专业的学生掌握相关的专业英语技能，也需要英语专业的学生掌握相关的专业技术知识。而我国当前的大学毕业生英语状况也不甚乐观，学习英语十多年，可绝大多数只能读懂一些简易读物，看不懂英文报纸、电传、信函等，并且查找资料也很困难。其实，英语专业的学生仅仅是专门用途英语学习者中的一小部分，更多的学习者是非英语专业毕业生，他们为了工作或学习，必须强化本专业的专门用途英语。因此，应重视专门用途英语的实践及理论研究。

（三）有关研究成果为专门用途英语教学提供了理论依据

语域这一概念最早由韩礼德提出，他认为语域变异是由于语言使用的场合不同而产生的，特定领域都有其特定的词汇与语法。韩礼德的语域理论为专门用途英语的存在提供了有力的依据，但由于语言词汇量的庞大与复杂，加上对专门用途英语词汇缺乏科学的标准，因此无法实现其在专门用途英语词汇方面的完全界定。

（四）英语教学的需要

随着专门用途英语教学理论和活动的发展，人们逐渐达成共识，认为专门用途英语教学属于英语教学的一部分，对专门用途英语的研究有助于英语教学的研究。例如，主观地对所有学生群体统一教授新概念英语，有些学生可能感到理论和实践不对应，学习和教学效果都不好。但如果在认真调查和分析学生学习目的的基础上，选择适合其英语水平和技能的英语教材和教学内容，定能收到较好的学习和教学效果。

二、专门用途英语的发展

哈钦森和沃特斯把专门用途英语的发展分为五个阶段：语域分析阶段、修辞或语篇分析阶段、目标情景分析阶段、技巧与策略分析阶段和以学习为中心阶段。

（一）语域分析阶段

语域分析阶段的有关研究发生在 20 世纪 60 年代末、70 年代初。在这个阶段，最早提出"语域"这一概念的韩礼德认为，词汇和语法随着语域的变化而变化。语言学家也着重研究科技语篇中的词汇和语法问题，分析的目的是找出不同语域在词汇、语法方面的差异与特点，这一研究结果也为制定教学大纲和编写教材提供了重要依据。

约翰斯韦尔斯（John Swales）通过"词汇统计学"（lexicostatistics）的研究方法得出结论，通过分析并未发现科技语篇和普通英语在语法上有什么区别，只是相对普通英语而言，某些语法和词汇形式的使用频率比较高。如科技英语中大多使用的是一般现在时、被动语态、复合名词、陈述句及形式主语等的句式，却很少使用疑问句和感叹句。虽然科技英语中的被动语态使用频繁，但这只是与普通英语相比较而言。实际上，科技英语中的被动语态的使用率仍然低于主动语态。这一研究还指出，像 consist of、contain、enable、act as 等"半科技词汇"或"次科技词汇"在科技学术写作中使用的可能性较大。某一语域偏爱某些形式这个现象源自语言的基本语法，并不是区别性的特征，专门用途英语在语法、修辞手段、篇章结构上都没有超出普通英语的总框架。

尤尔（J. R. Ewer）和拉托雷（G. Latorre）编写的《基础科技英语教程》（*A Course in Basic Scientific English*）是基于语域分析产生的代表性教材。尤尔和拉托雷所进行的语域分析，其深层动机是使专门用途英语课程满足学生的需求，使制定的教学大纲能将学生在科技领域遇到的语言形式都包括进去。尤尔和拉托雷先期的研究分析，确定了语言项目出现的频率，揭示了科技英语在词汇、语法上的基本特征，而这些词汇、语法特征，如复合名词、被动式、条件式等，往往是共核英语教科书上所忽略的。尤尔和休斯戴维斯（E. Hughes-Davies）认为科技语篇中词汇形式有 ing 形式、前缀和后缀词、结构和限定词组、复合名词、不规则限定词、过去分词、前置动词，以及形式相似、意义不同、具有相同功能的单词和形式相似、功能不同的单词等。语法形式有不定式、被动句、条件句、因果句等。[①]

另一本重要的专门用途英语教科书是《技术英语结构》（*The structure of Technical English*）。这本书主要针对已经具备一些英语知识但还需进行专业领域英语培训的学生，这些学生为了在他们特定专业领域进行更深入的学习，需要掌握科技写作中特殊的语言结构和规范。但《技术英语结构》这本书因其自身的局限性也受到过不少批评。斯韦尔斯曾指出，这本书所涵盖的大量半科技词汇是值得借鉴的，但作为课堂的教材还有许多不足。如书中所选文章缺乏一定的科学性，

---

① J. R. Ewer, E. Hughes. Further Notes on Developing an English Programme for Students of Science and Technology（1）[J]. RLT Journal, 1971.

跟踪练习重复且缺乏变化，而且忽视了能够提高阅读技能的篇章理解和训练，书的内容太过注重语言形式（即词汇和语法）而忽略了语言的使用和交际功能等。

这一阶段的语域分析方法仅仅将目光停留在专业词汇、语法上，显然不能满足交际的需要。而且一般英语已经包含了专门用途英语中的所有语法，只是相对特定领域来说出现的频率不同，这样分析来看，这一研究也不能明确描述专门用途英语。

（二）修辞或语篇分析阶段

尽管词汇统计学家对具体语域的语言特征进行了研究，但这一研究几乎没有解释为什么科技英语青睐某些语法模式，也没有解释段落和整个文章或语篇是怎样由句子组合构成的。在依据语域分析制定教学大纲的背景下，学生只是学会了背诵专业词汇和句型，但对于如何在具体场合中进行交际往往不知所措，可见此阶段的研究存在严重的缺陷。而语言学领域话语分析和语言教学中的交际法教学推动了专门用途英语进入第二个发展阶段：篇章分析。如果在语言分析的初步阶段，研究的重点局限于句子内部的语言特征，那么专门应用于特定领域的英语的第二个发展阶段则超越了单纯的词汇和语法研究，而更加注重修辞学，将研究重点扩展到句子之上的层次。其主要研究内容包括怎样将句子组织成段落和段落组织成篇章，怎样定义概念、描写、叙述、论证和说明，以及怎样撰写主题句、展开段落、组织细节等方面。

较早对语篇进行分析的人当属亨利·威多森（Henry Widdowson），约翰·拉克斯特罗姆（John Lackstrom），莱瑞·塞林克（Larry Seiinker），路易斯·特林布尔（Louis Trimble）和玛丽·托德·特林布尔（Mary Todd Trimble）。

1. 特林布尔的语篇分析研究

特林布尔的《科技英语：语篇分析法》（English for Science and Technology: A Discourse Approach）一书对修辞或篇章分析方法做了最好的总结，提出作者可以从四个层面组织一篇文章：

层面 A——整个语篇的目的（the objectives of the total discourse），例如，详述一项实验（detailing an experiment）；提出建议（making a recommendation）；提出新假设或结论（presenting new hypotheses or theory）；提供其他类型的科技英语信息（presenting other types of EST information）。

层面B——普通的修辞功能，逐渐扩展层面A的目的（the general rhetorical functions that develop the objectives of Level A），例如，陈述目的（stating purpose）；报告以往研究（reporting past research）；陈述问题（stating the problem）；提供实验使用的设备信息，如描述、操作（presenting information on apparatus used in an experiment, like description and operation）；提供实验的程序信息（presenting information on experimental procedures）。

层面C——具体修辞功能，逐渐扩展层面B的普通修辞功能（the specific rhetorical functions that develop the general rhetorical functions of Level B），例如，描写，包括外形、功能、过程（description including physical function and process）；定义（definition）；分类（classification）；说明（instructions）；声像关系（visual-verbal relationships）。

层面D——修辞技巧，提供形成层面C所需的关系（the rhetorical techniques that provide relationships within and between the rhetorical units of Level C），例如，顺序，包括时间顺序、空间顺序、因果顺序（order including time order, space order causality and result）；模式，包括因果、重要性、比较和对比、类比、举例、图解（patterns including causality and result, order of importance, comparison and contrast, analogy, exemplification, illustration）。

2. 威多森和艾伦（Widdowson&Allen）的语篇分析研究

篇章分析阶段的重要代表人物是威多森和艾伦。他们认为，学生遇到的困难并不来自语言知识体系的欠缺，而是对英语运用的不熟练，过多的组句练习并不能满足学生的需要，他们更需要的是能够讲授在不同的交际行为中句子是如何运用的课程。这一看法进一步印证了语域分析阶段在词法和句法上存在的不足。

《焦点系列》（*The Focus Series*）是一套把威多森和艾伦的观点变成实践的系列教科书。这套丛书着重研究了科技和学术写作的主要方法，即怎样用语言进行下定义、分类、描述、提出假设以及衔接语言形式，这些与特林布尔组织文章的层面C相对应。尽管该书在理论上有新的突破，也较有影响力，但缺乏实践。相对而言，来自伊朗塔布利兹大学的教材《核心系列》（*The Nucleus Series*）取得了较为显著的教学效果。这套书着重描写了修辞功能，而且介绍了科学领域内一个重要概念相关的半科技词汇，关注的是结构的描写，与特林布尔组织文章的层面D相对应。

这一阶段的研究虽然对专门用途英语的教学研究有重要影响，而且较第一个阶段也有了显著进步，但在教学实践中发现，学生即便掌握了篇章的组织技巧，在特定的情境下，仍不能很好地进行交际。语言学习的最终目的不单要解决写作问题，口语交流也是一方面。可见，该研究与学生的实际需求之间仍然存在着差距。

（三）目标情景分析阶段

目标情景分析就是通过语言分析与学习者的目的紧密结合，通过 ESP 课程使学生在目标情景中能自如地用英语进行交际。因此首先要确定使用外语的目标情景，接下来对在这些情景下进行交际的内容、方式、途径、媒介、手段等语言特点进行透彻的分析，并以此分析结果为参考来设计 ESP 教学大纲和课程。这个过程也被称作"需求分析"。

目标情景分析或需求分析是专门用途英语产生和发展的原因，实际上也是各种性质的培训班的出发点和目标，所有的英语课程都是根据学生的某种需求而设立的，专门用途英语也不例外，而这一理论研究也很受专家的青睐。而对这一分析最为透彻、也最具影响力的专著当推约翰·蒙比（John Munby）的《交际教学大纲设计》（*Communicative syllabus Design*）。在书中，蒙比对学生的交际目的、交际环境、交际手段、语言技巧、语言作用、语言结构等一系列问题进行了深刻的阐述。并提出了一套详细发现目标需求的程序"交际需求处理器"，这套程序由一系列的可变因子组成，如科目、参与者、媒介等，所有这些可变因子都是有关交际中的关键因素，可以被用来确定学生的语言需求。虽然蒙比的"需求分析"理论模式很难辨认其特征，但对专门用途英语的发展起到了很大的促进作用，被认为是专门用途英语发展过程中的一个分水岭。

学生的需求在目标情景分析阶段被赋予了重要地位，专门用途英语相对于一般英语的特殊性渐渐显露出来，相对于语域分析、修辞分析和篇章分析而言，有了质的飞跃。

（四）技巧与策略分析阶段

专门用途英语发展的第四个阶段的重心是隐含于语言运用之中的思维过程，而不再如第一、二、三阶段局限于语言的表层形式。这一阶段的语言学家认为，任何语言的运用都有相同的思维和解释过程，不管语言是以什么形式出现的，这一过程都能使我们从篇章中推断出一定的含义，例如利用构词法和上下文推测生词，从布局和排列形式大致确定文章的种类等。这一阶段的相关著述很多，但至今还没有公认的代表人物和代表作，而且尽管很多著作都对阅读技巧作出过一定的贡献，但这一阶段所完成的实践工作大都与一些计划有关，如《巴西全国专门用途英语工程》(National ESP Project in Brazil)、《马来西亚大学专门用途英语工程》(the University of Malaya ESP Project)。

这个阶段的专门用途英语技巧研究在非英语国家里进行得比较多。由于政治、经济、文化、科学技术的发展，英语逐渐成为应用最广泛的语言，各种英语文献快速增长，世界各国人员为能获得最新的信息和最先进的技术而阅读相关英语资料，因此掀起了英语热。加上，当时需求分析在已知情景的四种技巧（听说读写）中，阅读被认为是优先考虑的一个因素，所以在许多情况下，阅读技巧的研究和教学在这些非英语国家成为焦点。如据达德利·埃文斯（Dudley-Evans）和约翰介绍，马来西亚大学专门用途英语工程的课程重点是讲授与阅读有关的专项技巧，例如，识别一本书的框架结构，熟悉并了解非线性结构文章，学会接收生词，通过阅读寻找相关信息，利用语境线索，确定阅读量，等等。但随着时代的发展，非英语国家也开始注重对英语听、说、写技巧的研究和教学。

由于专门用途英语涉及的专业面广泛，而课时又有局限性，为保证学员结业时达到所要求的语言能力，该课程的教师常常需要依据学员对语言的需求和现有的语言能力来设计教学大纲、安排教学活动。

（五）以学习为中心阶段

以学习为中心阶段关注的是学习者的语言学习过程，即如何高效率地学习语言。这是哈钦森和沃特斯推崇的方法，他们认为：前四个阶段都是对"语言产品"的分析与描写，如分析各种讲座、教材和文章中的语言特色，而对成功实现目标情景交际的学习技能问题视而不见。他们在1987年出版的书中，提出了"以学习为中心"的概念。

这一教学思路一方面强调学生是学习的主体，充分考虑学生的学习需求和兴趣。比如，以外贸洽谈为目的的外语学习班学员，如果被教授的英语教材是《新概念英语》等不太贴合实际应用的教材，学员可能会感到无法适应，学习兴趣也会受到影响。但是，如果教师认真了解学员的具体学习目标，针对他们的英语水平和技能选用合适的外贸英语教材，并制定适宜的教学内容，就能够调动学生的学习兴趣，取得良好的教学效果。另外，注意创造良好的学习环境，制定出使学生达到目标的一系列措施。约翰（T. Johns）和戴维斯（F. Davies）提供了有效的方法，将学习的篇章当作一种"获取信息的工具"（a vehicle for information）而非"一种语言目的"（linguistic object）。[①] 而且，他们提出了以小组讨论的方法来实现这一教学思路。

尽管语域分析、修辞或语篇分析、目标情景分析、技巧与策略分析和以学习为中心的方法曾在专门用途英语中占有一席之地，但目前专门用途英语领域中没有哪一种方法占支配地位。现在专门用途英语容纳了许多不同的方法，并且正积极地把不同种类的材料和方法融合在一起。

第三节　专门用途英语与一般英语的关系

专门用途英语，是指与某特定职业或学科相关的英语。一般英语是以语言教学为主，主要训练学生的听、说、读、写、译等基本技巧。专门用途英语与一般英语密切联系，既有相同之处，也有不同之处。

一、专门用途英语与一般英语的共性

一般英语可以说是专门用途英语最基本的内容，能够让学生加深对英语语言和文化等基本知识的了解。而专门用途英语是发展一般英语学习的特定过程。学生要想掌握和使用专门用途英语，必须经过专门的训练、研究和学习。因此，一般英语向专门用途英语的转变是一个逐步推进的过程。实际上，专门用途英语课程可以被看作一般英语课程的后续，以满足学生的特殊需求。总的来说，一般英语和专门用途英语并不是相互孤立的存在。

第一，专门用途英语的语音系统与一般英语一样。

---

① John T, Davies F. Text as a Vehicle for Information: the Classroon Use of Written Text in Teaching Reading in a Foreign Language[J]. Reading in a Foreign Language，1983.

第二，专门用途英语的语法与一般英语的语法一样。

第三，专门用途英语中约有85%的专业词汇和术语来自一般英语中的基本词汇或由基本词汇派生而来。虽然一些基本词汇在专门用途英语中已经具有新的词义，却不失其内在联系。如"share"在一般英语中是指"分享到或贡献出的一份"，在金融英语中是指"股票"，而在营销英语中则指"市场份额，市场占有率"。看似词义不同，但仔细分析看来，后两层含义都是从一般英语的基本含义中引申而来的。

二、专门用途英语与一般英语的差异性

虽然专门用途英语与一般英语之间存在着千丝万缕的联系，但二者依然存在着许多不同。

（一）需求意识上的差异

在校的学生，尤其是中小学生，由于受传统教育制度、理论、观念等的约束，其学习英语的需求意识是不明确的、不固定的。而专门用途英语学生则有着工作或者学术上的需求，他们学习英语的需求意识非常明确。基于图式理论，阅读能力主要由语言图式、内容图式和形式图式构成。语言图式指的是读者对阅读材料所使用的语言的掌握程度，而内容图式和形式图式则分别指读者针对阅读材料主题的了解深度以及对这篇文章体裁的认知程度。在这三种图式中，语言图式在阅读中最基本，而内容图式和形式图式则主要担任辅助的功能。因此，专门用途英语的学习通常是在完成必要的一般英语学习后为了满足某种特定需求开始的。由于学生对语言图式已有所了解，因此专门用途英语阅读的重中之重就是内容图式和形式图式，也就是从读物中获取所需信息的主要目的。

（二）英语教学上的差异

专门用途英语教学与一般英语教学是英语语言教学的两大分支，而专门用途英语教学作为英语语言教学的具体课程，与普通英语教学既密切联系又存在着许多不同之处。

一般英语课程以教授一般语言技能为目的，取决于传统教育的目标和标准。专门用途英语的课程设计是根据学生的英语实际应用需求而制定的，与传统教育

的目标不同。因此，专门用途英语的教学目标更加具体和明确，在教学中教师一般采用任务型教学法来实现这些目标。

同时，传统一般英语教学的弱点是重"知"而轻"行"，学生所掌握的能够复用的词汇很少。而专门用途英语则注重行为能力的培养，正可作 EGP 弱点的补充。

(三) 句子、动词、语言形式等方面的差异

在此，以专门用途英语的句子长度、动词语态、语言形式为例来分析两种英语的不同。

在论文中，特定领域的研究者通常使用专门用途英语句子来全面描述一些客观事物。为了严密地表达自己的思想，他们经常利用两个或者两个以上的并列句、并列复合句、其他从句或者短语修饰句子的成分。因此，这些句子往往会非常长，长达 5 行甚至 10 行以上。

专业领域论文中通常强调事物、过程及现象，而不是操作它们的人，因此研究者常常使用被动语态来表达意见。有研究表明，科技文献中被动语态的使用频率最高，每千词中平均出现 23 次；相比之下，广告英语中被动语态的使用频率最低，每千词中平均只出现 3 次。[①] 这表明，在专业领域的研究中，被动语态是一种非常常见的语言表达方式。这是相对普通英语比较得出的结论，其实在专业文章中，主动语态仍然多于被动语态。

语言形式在不同语域中出现的频率有明显差异，而且在用法上也有不同。如 "story" 一词在新闻英语中出现的频率很高，而且从分类语料库的新闻篇章中随机抽样统计发现，表示 "新闻报道" 比表示 "故事" 的时候多。据此，教师可以向专门用途英语学生指出，新闻英语中 "story" 的首选对等词是 "report"，而非 "tale"。

从以上分析可看出，专门用途英语与一般英语是相互联系的，既存在着共性，彼此也有着各自的特性。理论界和实践教学中对这两方面的研究都有很多，而颇受争议的是有关专门用途英语与一般英语是否存在区别和是否分开教学、测试的研究。国内外有些研究者认为，专门用途英语与一般英语的界限不明。专门用途

---

① 陈明瑶.ESP 与语料库建设[J].外语研究，2000（2）：60.

英语主要以语言的交际为主，若要考查学生的专门用途语言能力，只需对考生的语言运用能力进行相关的测试。而且在最近的研究中，也有部分测试专家质疑专门用途英语与一般英语测试是否有必要分开。经过研究认为，纵观雅思考试的历史，测试者也曾试图设计专门用途英语考试，但未取得预期效果，最近的雅思考试，完全变成一般英语水平考试。由此研究者认为，专门用途英语和普通英语难以进行分开测试。

第二章 专门用途英语的课程构建

本章主要内容为专门用途英语课程构建，主要从三个方面进行阐述，分别是专门用途英语课程设置和课程设计、专门用途英语课程评估和教师队伍、专门用途英语教材设计和教学大纲。

第一节 专门用途英语课程设置和课程设计

一、专门用途英语课程设置

（一）EGP+ESP+X 的基本模式

为了适应高等教育及经济社会快速发展的需要，英语教学需要真正转变教学观念，适应社会的需求，对课程进行改革，并科学协调一般英语和专门用途英语之间的教学关系。基于此，教师应有目的地培养学生的优点，提高其运用英语的能力，以满足专业、行业和职业的要求。因此，高校公共英语教学可以理解为 EGP（一般英语）+ ESP（专门用途英语）+ X，其中 X 指的是英语学习五项技能（听、说、读、写、译）中的特长项或特色项。

由于社会对外语技能的需求因人而异，每个人学习外语的目的也不尽相同，所以不应该对所有人提出统一的技能要求，而是应该提供更多的选择，以满足不同学生的需求。社会在不断进步，不同职业对英语技能要求的细分程度越来越高。有些职业看重读写技能，如外贸函电；有些则注重听说技能，如商务接待、旅游及其他服务性行业；而有些则对翻译技能有着特殊的要求，如新闻出版行业。

可以通过实施模块化教学来更好地适应实际需求。这里的"模块"指的是不同的知识部分，它们在内容上有所不同，但相互之间有联系。第一阶段的教学是一般英语，需要两个学期来完成；第二阶段主要是专门用途英语教学 +X，也需要两个学期来完成。模块化教学具有综合性、独立性、开放性、灵活性和个性化等特点，可以同时解决教学与用人需求之间的矛盾，也能够适应就业市场需求的变化。此外，模块化教学还能够充分发挥学生的兴趣和特长。

（二）各个阶段的教学内容、教学目标和学时安排

基于《大学英语课程教学要求》以及各专业的学科特点和人才市场对人才需求的要求，各个阶段的教学内容、教学目标和学时安排如下：

在大一阶段，学生将学习144个学时的英语课程，主要涵盖日常词汇和日常场景会话。在经过为期两个学期的全面强化训练后，学生将能够在日常生活中流利地使用英语，熟练地与他人交流。

在大二（上）的72学时中，学生将学习专门用途英语词汇。这些词汇将帮助学生熟练处理日常工作中的事务，并理解涉外活动中的专业知识的专用术语和表达方式。

在大二（下）的72学时中，学生能熟练地使用专业术语查阅资料和进行学术交流。

对综合性大学而言，开设专门课程的可能性是极大的，但对必修课和选修课，开课的原则要有所差异。

1. 专业必修课、基础必修课、公共必修课

为了满足学生的就业需求，拟从大学二年级开设专门用途英语必修课程。

原则有两点：第一，选择专业课时要考虑易于理解和能够更清楚透彻地理解英文的原则；第二，在开设课程之前，需要对学生进行分析和水平测试，不能一开始就全面铺开，而应逐步推进。在课堂教学中，第一步是对章节内容进行提纲式的梳理，第二步是加入相关的知识点，并要求学生在课后自己阅读教材并填补相应的例证。这样做不仅可以加快学生阅读原版教材的速度，还可以提高其自主学习能力。

对于那些英语水平较高且全英语课程普及高的高校，应加大力度开设专门用途英语课程，将一般英语课程（如精读或综合英语）降为选修课程，供英语基础较弱的学生学习。对于英语基础较好的学生，可学习专门用途英语课程。

2. 专业选修课

首先，开设专门用途英语专业选修课，可选择部分专业课作为起点。比如，

在数学专业的数学分析和高等代数等基础课程中,可以逐步引入少量的专业英文词汇,逐渐增加第二语言的比例。这个过程应该在大学一、二年级逐渐推进,可以从 10%~20% 的比例开始。这样的渐进式教学模式可以帮助学生更好地掌握专业英语,为学习其他专业课程打下坚实的基础。

其次,在一些专业选修课程中引入专门用途英语教学。这些选修课程一般在大三、大四阶段设置,此时学生已经对该学科有了较为深入的了解,掌握了学习该课程的基本方法和技能,对专业知识的理解和应用能力也得到了提高。这时候有好多学生也参加并考取了全国大学英语四级证书,在词汇量、听说读写能力等方面的水平相对较高,不会对知识的学习产生较大的负面影响。

最后,专业选修课应该根据不同的专业设置,为学生未来的就业或职业转型提供了便利。教学内容应与专业学习的具体情况相结合,做好课程教学计划和安排,形成系统完整的教学体系。最佳方案就是采用任务型教学法,让学生通过具体的工作场景学习交际技能。例如,模拟汽车专业的加油站泵油或泵水服务情境交际,还可以让学生完成汽车维修后的账单书写等任务。

3. 培训课

开设专门用途英语公共培训课,以在校学生为主要对象,以满足其他学生对不同专业专门用途英语的爱好和需求,兼讲托业考试技巧(见表 2-1-1)。

表 2-1-1　培训课设计

课程性质	培训课
周学时	2 课时(周末班或暑假班)
上课周数	15 周
学分	2 学分
选课对象	大二、大三各专业学生 大一英语基础较好的各专业学生
考核方式	(以托业考试方式测试学生习得情况,并按成绩评定学生在职场中使用专门用途英语的能力
上课条件	多媒体教室
教学目标	通过本课程使学生熟悉日常工作、生活与职场活动中所需的英语语言材料,了解并熟悉商业活动及商务情境的英语知识,提高学生的听、说和阅读能力及托业考试成绩

专门用途英语培训课的特色：模拟实际的商务情境，让学生熟悉商业中最常用的情境对话和词汇，在演练过程中提高商务交流所需的听、说和理解能力。

ESP 考试考题范围如表 2-1-2，考核标准如表 2-1-3 所示，其中表 2-1-3 是就不同专业拟订的 ESP 考核标准，其中充分考虑不同专业对英语应用能力的要求。

表 2-1-2　ESP 考试考题范围

企业发展	研究、产品开发
餐饮	商务餐宴、招待会、餐馆预约
财务	银行、投资、税务、会计、票据
商务	合约、磋商、营销、业务、担保、营业计划、会议、劳资
医药、保健	医保、就医、购药
公司财产	建设、规格、置产、租赁、物业服务
制造	设备管理、流水线、质量控制
行政管理	股东会议、邮件、备忘录、电话、传真、电邮、硬件管理、办公流程
人事	招聘、退休、薪资、升迁、应聘、抚恤金、奖励
采购	订购、运送、票据
机械、科技	电子设备、研究室设施、电脑、技术规格
旅游	各种交通工具、票务、时刻表、广播、租车、饭店、预约、延误、取消
法律	刑法、民法、经济法、诉讼法、环保法、婚姻法、证据法、知识产权法、侵权法、行政法

表 2-1-3　考核标准

专业名称	能力结构（英语方面）	分数标准 听力阅读	口语	写作
法律	具备能用外语进行日常服务对话，并能比较熟练地处理法律文书等函件的能力	450	90	100
广告设计与制作、传媒	具有一般英语应用能力及广告专业英语初步听、说能力，有与专业有关的英文资料、技术文件、说明书等阅读与翻译的初步能力	500	100	100

续表

专业名称	能力结构（英语方面）	分数标准		
		听力阅读	口语	写作
商务英语、电子商务、金融	具有在商务事务中较强的英语听、说、读、写、译能力，能以英语作为工作语言处理商务业务和从事涉外事务	600	110	120
会计电算化、信息管理技术、计算机网络	无特殊要求	500	100	110

（三）教学安排上的调整

第一，因为学习专门用途英语需要更多的学习投入，所以对于必修课的学分可以稍作调整，而选修课学分正常设置即可。

第二，作为必修课，专门用途英语的授课难度相对较高，因此可以相应地增加授课时间。可以根据实际情况，提出合理的申请，以增加教学课时。

第三，依据不同专业课程安排情况或学生的需求，灵活地调整专门用途英语教学课堂中英文的比例，可以在20%～100%之间进行适当的调整。

以财务管理课程为例，对于一些学科的专门用途英语教学课程的课时安排可以参考国外的相关课程。例如，英国谢菲尔德大学的现代财务课程总共有40个课时，其中包括20个授课课时和20个练习课时。在该课程中，教师并不是按照教材的顺序讲授，而是围绕一个专题展开，每两个连续的课时为一个专题，课堂内容信息量非常大。学生需要具备强大的阅读能力和自学能力，并要花费大量的时间进行预习和复习。

很多海外留学生反映这种课时安排效果不错，在对知识的实践运用上效果也很好。如果专门用途英语教学的总课时为60节（每周3节，共20周），可以设置19个重点专题。每周总共3节课，前两节主要用来说原理，最后一节进行课堂练习或者进行案例分析。因为课时有限，教师只能选择重点进行讲解。教师会在上课前提前告诉学生即将讲授的专题和相关参考资料，让学生在上课前进行预习。课后，教师会给学生相关的中文阅读资料或指定一些与该学科相关的网站、报纸或期刊，让学生根据资料进行复习，以巩固学习的知识。

以法律专业为例，为了进行专门用途的英语教学，可以优先从合同法、商法等领域入手。在英美法系中，法律被划分为不同的部门，包括侵权法、合同法等，其中民法并非一个独立的部门，然而在民法中，合同法和侵权法是最重要的，因此学习民法需要重点掌握侵权法和相关法律理论知识。此外，国际公法和国际私法也是非常重要的法律领域，需要深入学习和研究。基础课程中包括合同法、商法、经济法等，由于这些专业课程开课时间较早，因此可以优先考虑在英语教学中加入此类专门用途的课程。这些学科的应用性更强，因此其开课时间通常比其他专业课晚一些，其中包括国际经济法、知识产权法、世贸组织法和法律文书写作。

据此，法学专门用途英语课程体系可分为：基础课程；基础性专门用途英语课程；提高性专门用途英语课程和选择性专门用途英语课程，具体如表2-1-4所示。

表 2-1-4 法学 ESP 课程体系

课程对象	基础课程	基础性专门用途英语课程	提高性专门用途英语课程	选择性专门用途英语课程
专门用途英语教学班	法律英语（掌握法律英语常用词汇，了解世界各国法制概况，对部门法知识有所了解，熟悉法律英语的语体特点和表达方式）	合同法、商法、经济法（英语授课比例稍小）	国际经济法、知识产权法、世贸组织法、英美司法制度、法律文书（英语授课比例稍大，可尝试全英文授课）	民法（侵权法）、国际公法、国际私法（视情况选择授课语言比例）

二、专门用途英语课程设计

（一）专门用途英语课程设计理论基础

1. 语言学理论与专门用途英语

专门用途英语教学必须建立在语言学理论基础上，不管教师在专门用途英语课程中是否重视语言学知识，都应该掌握专门用途英语与相关语言学理论之间的关系。许多专门用途英语实践者认为，他们对专门用途英语的成功研究得益于对语言学理论的应用。语言学在不断进步，ESP 语言分析方法也在不断更新，但是旧的方法并不会因为它们陈旧而失去其重要性。审视专门用途英语的发展历程可以发现，在语言教学中，既有新的方法，也有旧的方法。专门用途英语在需求分析和教材编写方面的经验，可以对语言学研究产生影响。

（1）传统语言学理论与专门用途英语的关系

在古希腊和古罗马时期，因为受到宗教的影响，语言学理论主要关注语法，即对句子中每个单词的分析和解释。然而，这种传统的教学理论在专门用途英语出现之前就已被废弃，所以说对专门用途英语教学的影响程度较小。尽管如此，传统的语法教学仍然对专门用途英语教师有一定的指导作用。

（2）结构语言学与专门用途英语的关系

在20世纪30年代，特别是第二次世界大战之后，传统的语法教学受到了结构主义带来的冲击。它认为，通过改变单词的结构能够让句子含义变得不一样，而通过成分分析则能更准确地理解句子。这种对英语语言教学中句法结构的解释方式，对专门用途英语教学的影响主要体现在两个方面：

①结构类型的句型操练看上去明显变多。

②在专门用途英语教材中，常常采用结构型教学大纲。这种大纲会按照从简单到复杂的顺序排列句子，以帮助学生更好地理解语言结构。

（3）转换生成语法语言学与专门用途英语的关系

艾弗拉姆·诺姆·乔姆斯基（Chomsky Avram Noam）指出，语言应该分成两个方面：深层和表层。深层属于思想组织的范畴，而表层则通过语言句法来表达这些思想。因此，语言的文法不在表层结构，而是在深层含义中，它是语言使用者用于阐述表层含义的工具。在专门用途英语教学中，了解乔姆斯基有关语言和语法的理论，有助于对语言行为和语言能力的区别。语言能力指的是说话的能力以及理解语言的能力，而语言行为指的是在实际运用语言时表现出来的能力。

2. 语言学习理论与专门用途英语

在设置英语教学课程时，应该先对语言基础进行分析和系统化，然后再考虑学习因素。课程设计应该遵循合理的学习理论，以改善英语教学内容和方法，并满足不同学生的要求。在20世纪早期，心理学不断发展，并成为一项重要的科学分支，与之相关的语言学习理论也逐渐涌现出来，为专门用途英语教学提供了有力支持。

3. 行为主义与专门用途英语

行为主义学派的核心观点是通过建立刺激与响应的联系来培养学习习惯。在外语学习中，刺激来自外语的教授或表达，响应则是学生对刺激的反应。通过外部或内部的奖励，学生会受到激励，从而巩固所学知识。在专门用途英语教学中，基于行为主义的对话或句型练习经常被采用，但这只是学习过程的一部分，因为学习不只是形成习惯，还需要深入地理解和应用所学知识。

4. 认知理论与专门用途英语

行为主义对于语言学习的不足之处是，无法解释人类的大脑是如何将有限的经验应用到无限的情境中的。相比之下，认知学派则认为人类的思维是有规律可循的，通过学习可以获取规则并形成模式，从而预测新环境中的情况，而且能够作出相应的正确反应。因此，在语言学习过程中，除了让学生形成模仿习惯，教师还应该关注学生的思维活动。

学生运用自己的思维能力去判断所学知识的规则，并分析其应用场景。通过思考，他们可以使所学的内容变得更加有意义。学习过程就是学生把已经了解的概念或主题与新的信息相连接的过程。在专门用途英语教学中，基于认知理论的解决问题练习被广泛使用，这些练习与学生的职业领域密切相关。因此，认知理论对专门用途英语课程中的阅读技能教学有着重要的影响。

5. 情感因素与专门用途英语

除非有情感因素的参与，否则单纯的认知学习理论是不可行的。因此，在学习过程中情感因素扮演着重要的角色。学生的动机是成功学习的关键。动机也是专门用途英语教学中的一个重要因素，可以促进教学的顺利开展。

罗伯特·加德纳（Robert Gardener）和华莱士·兰伯特（Wallace Lambert）提到了两种有影响力的动机，即工具型动机和综合性动机。① 前者指的是学习者因为外部需求而进行语言的学习，而后者则是学习者内部需求的反映，即渴望融入新的语言环境。研究表明，内部需求更能促进成功的语言学习。在专门用途英语教学中，动机与目标需求息息相关。哈钦森和沃特斯指出点明，专门用途英语

---

① gardner R, Lambert W. Attitudes and Motivation in Second Language Learning [M]. Rowley MA: Newbury House, 1972.

的学习"需要有更多的愉悦感、更有想象力及成就感"[①]。学生不仅需要成功使用所学知识的满足感,还要享受愉快的学习过程。因此,在专门用途英语教学中,学习的感觉和情感因素非常重要。

6.语言习得与专门用途英语

在成年人学习第二语言时,有两个独立但相关的方面:语言习得和语言学习。语言习得类似儿童学习母语的过程,是一种潜意识的过程。这意味着,学生在学习语言时并不会有意识地使用目标语言进行交流,因此语言习得也是一种潜意识的过程。语言习得是一种不正式、自然的学习过程,学生能够感受到语言中的对错,但不知道哪些规则被遵守或违反了。在专门用途英语学习中,成年学生同样需要通过习得和学习两种不同的方式来提高其第二语言能力。因此,专门用途英语课程教师需要提供丰富的素材和逼真的课堂活动,创造出一个自然的语言环境,以促进学生的语言习得和学习过程。在专门用途英语课堂中,教师应尽可能地营造一个自然的语言环境,让生感知语言的运用,并进行有效的语言习得和学习。

(二)专门用途英语课程设计模式

1.目标模式

目标模式是以课程目标为核心,探索完成目标的途径的课程设计模式,拉尔夫·泰勒(Ralph Tyler)曾提出过经典的四步法目标模式,被称为"泰勒原理",如图2-1-1所示。

确定教育目标 ⇨ 选择教育经验 ⇨ 组织教育经验 ⇨ 评价教育结果

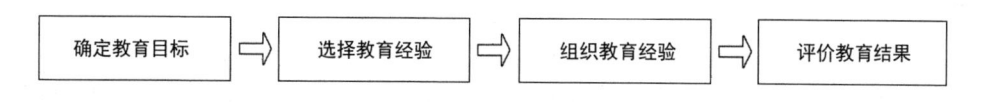

图2-1-1 泰勒的课程设计目标模式(泰勒原理)

(1)确定教育目标

在泰勒看来,进行课程设计的时候首先应该将教育目标确定好。他根据学生的需要、当代社会生活以及学科专家的建议来确定教育目标。对学生的研究就是了解学生现在的行为或者知识水平以及其与现代社会的差距,而教学应该尽努力

[①] Hutchinson T, Waters A. English for Specific Purposes: Course design[J], 1987, 10, (2): 21-23.

缩小这个差距。对当代社会的研究就是去分析人们在真实社会情境中的行为表现以及他们需要的知识支撑，这就为学生进入社会后能够更好地适应社会环境做了准备。另外，研究社会还针对一些典型的社会情境提出问题，将这些情境引入教室，或者让学生走出教室适应真实的情境，都有助于使学生的学习贴近真实社会。学科专家对本学科知识体系的把握有着常人无法比拟的优势，他们知道哪些知识是核心知识，哪些知识会影响哪些行为。所以将社会需要的目标行为表现告知专家后，他们能将其分解为与学科相关的知识目标，这就是学科专家建议的意义所在。

（2）选择教育经验

教育目标确立后的第二个问题是，提供什么样的教育经验才能达到这些目标。而这些任务就是"选择教育经验"所要完成的。泰勒提出了选择教育经验的五项原则：第一，学生必须有机会实践这个目标所隐含的行为体验；第二，学生应当从学习中获得满足感；第三，学习内容期望的反应应当在学生的能力范围之内；第四，寻找有典型特征和意义的学习经验；第五，意识到相同的学习经验会带来不同的结果。面对各种各样的学习经验，泰勒还指出，选择学习经验时，应当关注那些能培养学生思维能力、信息获取能力，影响学生世界观、人生观、价值观，同时能激发学生的学习动机。

（3）组织教育经验

组织教育经验是指怎样组织教育经验，才能保证教育的效果。通常组织教育经验的方式有以下三种：第一，按难易程度排序，保证由易到难、循序渐进的教育顺序；第二，将相关联的教育经验放在一起，意识到它们之间的联系和交互作用；第三，分类归纳，把有相同特征的经验放在一起，便于教师对比分析。在实践过程中，组织教育经验的方式远远不止这些，教师往往能根据自己的知识，借鉴合伙人的经验，制定各种各样符合实际的组织策略。

（4）评价教育结果

评价的目的是衡量课程和教学是否达到教育目标、与目标的差距有多少，所以评价的内容和手段应当是多种多样的。一方面，评价的内容不可以仅仅针对教育的一个方面评价，还应该从多方面进行评价。这样才能真正地看到教育的结果与目标相差有多远，也方便教师采取相应的措施缩小这个差距。另一方面，评价手段不能是单一的方法，应该采用丰富的手段进行评价，如面试、访谈等，让评价更加客观和公正。

目标模式的优点在于其程序性强、易于理解、操作方便，但其缺陷在于过分关注目标而忽视了教育过程，对教育过程的规划不足。此外，目标模式将课程设计成一个线性的过程，有悖于教学实际，因为在课程实施过程中，其目标并不是从一而终、固定不变的，会依据教学情境进行多次调整，所以这种线性的规划模式在实践中难以真正贯彻实现。探讨循环的、反馈式的设计模式更切合实际。

2.过程模式

由英国著名课程论专家斯腾豪斯（L.Stenhouse）在泰勒原理的基础上提出了过程模式。关于它的几个要点内容：教育需要开放，教学活动也需要具有一定的动态特性、开放度，并具备探究的特性，应该与实际社会生活紧密连接；教育是一个过程，而且这个过程发展的意义相较于预定的目标更重要；学习中教师与学生应该进行充分的合作，教师应该是学生的引导者与合作伙伴；学生的学习经验应该与社会生活中的经验密切相关，这样才能最大限度地体现教学的意义，学生学习才更加主动；教师针对学生的评价不是对学习成果的测验，形成性评价比终结性评价更能促进教学。

斯腾豪斯对教师在教学中的地位和角色进行了充分的阐述，他认为教师应该与学生一起在课堂上探讨有争议性的问题，在讨论中，教师应当作为组织者，给所有学生发表各自不同观点的机会，引导讨论有序地、深入地开展，不对学生的观点进行定论性的评价，让课堂成为学生探究问题的自由论坛、教师成为学生的合作伙伴。同时，教师应当作为研究者，对自己的学科、教学法、课程等问题展开研究，成为有自我反思意识的教育者。

过程模式关注教育过程的价值和质量控制，赋予学生更多主体性和创造性，对教师在教学中所处的角色及地位赋予了新的含义，将教育过程视为由教师作为引导者、学生作为主体的自然过程，从而形成了一种全新的教育理念。然而，过程模式在实际操作中缺乏具体可行的步骤，更多的是理论阐释，因此需要研究如何将其理念转化为实际操作。因此，如何设计可行的过程模式、实现理想与现实的转化，是一个值得深入研究的课题。

(三)专门用途英语课程设计应用

1. 专门用途英语课程设计的框架

针对专门用途英语课程设计的框架,教师应该充分考虑已有的普通英语和专门用途英语的研究,设计出更为合理的理论框架(见图 2-1-2)。

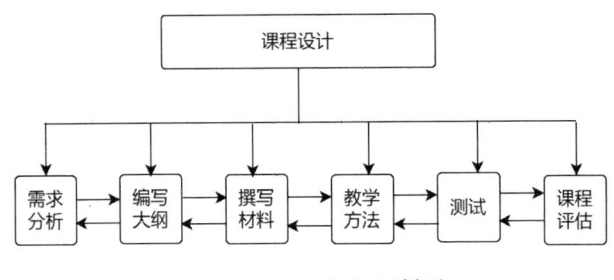

图 2-1-2 ESP 课程设计框架

这个模型不仅结合了一般英语和专门用途英语课程共同的设计理论,而且在长久的课程设计系统方法的基本模式中更加适用。它还试着提供一个持续的课程设计和维护的过程,以解决有可能出现的各个课程构件存在的问题。

该课程模式的另一个重要特点是使用双向箭头符号,即在全部的课程设计中一个构件与另一个构件是有关联的。这意味着已完成的构件对后面的构件有一定的影响,同样的道理,后面的设计也有概率产生已有部分的变动。另外,整个课程设计的过程是一个动态的、循环的递进模式,不一定需要先完成一些后再去完成另一部分。

课程设计可以说是专门用途英语教师和研究人员非常重要的工作,只有使用科学的课程设计模式才能实现预期的教学效果。目前,我国专门用途英语教学采用了三种不同的课程设计模式,包括以语言为中心的设计、以技能为中心的设计以及以学习为中心的设计。

2. 我国专门用途英语教学课程设计模式

(1)以语言为中心的课程设计

这种模式将"目标需求"分析结果最大限度地转化为专门用途英语课程内容,在专门用途英语发展的早期阶段比较盛行,这是最简单的课程设计模式,也是教师最熟悉的、专门用途英语使用最广泛的教学模式,主要是在目标情境分析和专门用途英语课程内容间产生联系。

课程设计首先以提出问题为起点,问题的答案可以作为设计大纲、编写教材、课程教学和评价过程的基础(见图 2-1-3)。

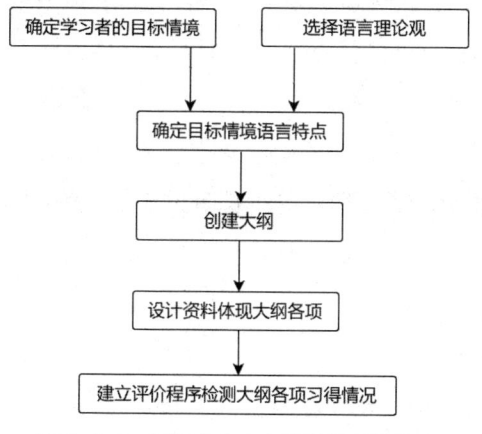

图 2-1-3 以语言为中心的课程设计模式

①(Why)学生究竟为了什么去学习?

②(Who)谁会在课程设计中参与?

③(Where)学习的时候应该在哪里进行学习?

④(When)应该在什么时间学习?学习多长时间?应该怎么合理分配学习的时间?

⑤(What)学生究竟要学习什么内容?学习的内容包括哪些方面?怎么样确定学生的学习目标?学生应该学到什么样的熟练程度?应该覆盖哪些主题?

⑥(How)怎么样才能取得一定的学习效果?根据什么样的学习理论去学习?学习的方法又是什么?

从语言描述,学习理论和需求分析(见图 2-1-4)。

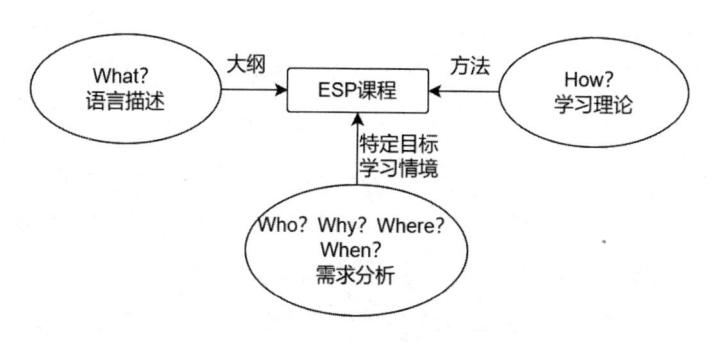

图 2-1-4 影响 ESP 课程设计的因素

语言描述是一种分析和描述语言系统的方法，主要用于帮助人们学习语言。不同的语言学流派不断发展，对专门用途英语产生了影响。这些流派包括传统语法、结构主义语言学、转换生成语言学、语言变体和语域分析、功能意念语法和话语分析。在专门用途英语课程设计中，需要主义的是这些语言描述方法之间不是矛盾的关系。此外，仅仅依靠语言描述并不足以学会语言的使用。

学习理论可以让人们更加了解人类学习的方式，包括学习语言。不同的学习理论，如行为主义理论、认知理论等，都有助于加快专门用途英语发展的进程。然而，教师不能仅仅依靠一种理论来进行教学，而是应该综合多种理论和教师的实践经验，选择最适合的教学方法。

语言描述及理论学习为专门用途英语课程设计提供了支持，但是真正核心的是需求分析。需求分析是从学生的角度出发，经过一系列的分析制定课程大纲，然后设计适合的教材，最后对学生的学习情况进行评估。这种课程设计很有逻辑性，因为它是从学生的需求出发，经过系统的分析和设计最终得出的成果，其中包括大纲和教材的评价。但是不管看似多么富有逻辑性，它还是有许多弱点。

从学生及其需求开始，看似是以学生为中心的方法，但实际上不是，这里的学生仅仅作为界定目标情境的一个手段。这个设计不是教会学生全部的英语，而是只教语言中有限的领域，在这里，学生仅仅是界定有限领域的一种方法，因此学生在整个过程中不再起作用。进行专门用途英语需求分析，强调在每个阶段都要考虑学生的需求。

以语言为中心的课程设计也被认为是静止的、不灵活的设计，因为它很少考虑跟人类行为相关的冲突和矛盾。一旦对目标情境进行了最初的分析，课程就僵化了。该设计没有考虑最初的分析是否有误，也没有考虑可能出现的关键因素，如意想不到的动机的改变等，所以缺乏反馈的渠道和修正错误的容许范围。

以语言为中心的课程设计看似很有系统性，但也会形成一个错误的概念，那就是学习本身是系统化的——系统化的分析和语言数据会使学生进行系统化的学习。我们的学习是通过把知识的各个单一项融合在一起创造一个有意义的预测系统，但是该系统必须是内化产生的而不是外部强加的。

简而言之，该设计没有本着"以人为本"的方针，没有考虑学习不是直接的、逻辑化的过程。

（2）以技能为中心的课程设计

以技能为中心的课程设计基于两个原则，一个是理论上的，一个是实际上的。该模式的学习目的兼顾语言应用与语言能力，专门用途英语课程与其他课程的不同之处在于，它并不仅仅追求达到预设的学习目标，更注重学生在学习过程中了解自己的能力和潜能，以便在课程结束后能够独立应对语言行为并持续提高。该课程的设计强调学生积极参与语言加工处理，而不是被动地接受信息。此外，该设计还重视找出学生学习中的积极因素，以激发学生的主观能动性，因此与以语言为中心的传统教学模式相比，该设计更加注重发挥学生的主观能动性。

从理论上说，最基本的理论假设是学生利用潜在于任何语言行为下的某种技能和策略来产生或理解一个会话过程。以技能为中心的课程设计就是直接观察产生的这一技能的能力，以技能为中心的课程设计从技能和能力两个方面体现其学习目标。

从实际意义上说，以技能为中心的课程设计体现在以目标为导向的课程和以过程为导向的课程两个方面。专门用途英语主要的问题是时间保障和学生体验。首先，理想化的目标是学生能阅读专业领域的资料，但在实际课程中学习时间无法得到保证。其次，学生在第一年的学习中对本专业领域的知识体验很少。因此，不能将专门用途英语看作一个自我满足的单位，专门用途英语与目标情境应该是一个不断发展的连续的过程，在此期间学生的熟练程度是没有高低之说的。专门用途英语强调的不是达到某个目标，而是强调使学生在特定范围内达到什么程度。也就是说，以过程为导向的方法强调挖掘学生的能力和潜力，并引导其在课程结束后自主学习，从而持续提高能力。

以技能为中心的课程设计需求分析的作用有两个方面：第一，为挖掘学生在目标情境中的能力提供根据；第二，让教师发现学生的潜能和能力。因此，该设计比以语言为中心的设计更加关注培养学生的能力，它把语言看作学生大脑加工的过程，把学生看作语言的使用者而非语言的学习者，具体设计模式如图2-1-5所示。

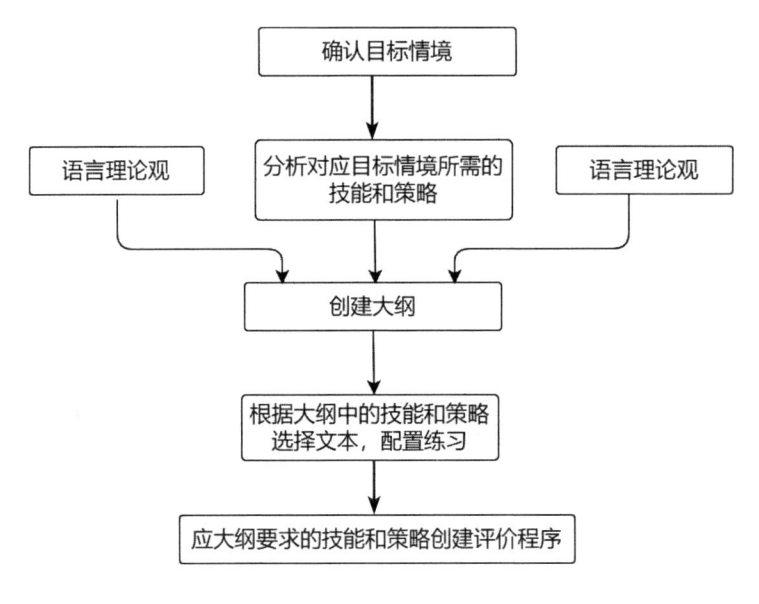

```
        ┌─────────────┐
        │ 确认目标情境 │
        └──────┬──────┘
               ↓
┌─────────┐  ┌──────────────────┐  ┌─────────┐
│语言理论观│→│分析对应目标情境所需的│←│语言理论观│
│         │  │    技能和策略     │  │         │
└─────────┘  └────────┬─────────┘  └─────────┘
                     ↓
              ┌─────────────┐
              │  创建大纲    │
              └──────┬──────┘
                     ↓
        ┌─────────────────────────┐
        │ 根据大纲中的技能和策略    │
        │   选择文本，配置练习      │
        └────────────┬────────────┘
                     ↓
        ┌─────────────────────────┐
        │应大纲要求的技能和策略创建评价程序│
        └─────────────────────────┘
```

图 2-1-5 以技能为中心的课程设计模式

（3）以学习为中心的课程设计

以学习为中心的课程设计是由学生决定的，因此学习是内化的过程，这一过程完全依靠学生原有的知识以及其具备的能力和动机来进行。学习不仅是思维运用的过程，还是协调个体和社会关系的过程。就专门用途英语而言，社会为之设定了在目标环境下应用英语的能力，而个体必须竭尽全力接近该目标。在此过程中，学生决定了自己接近目标的途径及发展速度。也就是说，这里对学生在教育中的任务有了新的认识。学生不应该等待知识的传递，而应积极主动地学习。

以学习为中心的方法在课程设计的每个阶段都考虑学生的主体地位，这有两层含义：第一，课程设计是个协调的过程。专门用途英语学习环境和目标环境都对大纲的性质、材料、教学法和评价过程产生影响，同样，这里的每个组成部分也会相互影响。第二，课程设计是个动态的过程。它不是在最初分析到课程完成之间的线性移动，需求和资源随时间变化而变化，因此课程设计需要有个嵌入式的反馈渠道使课程符合发展的需要。以学习为中心的课程设计模式如图 2-1-6 所示。

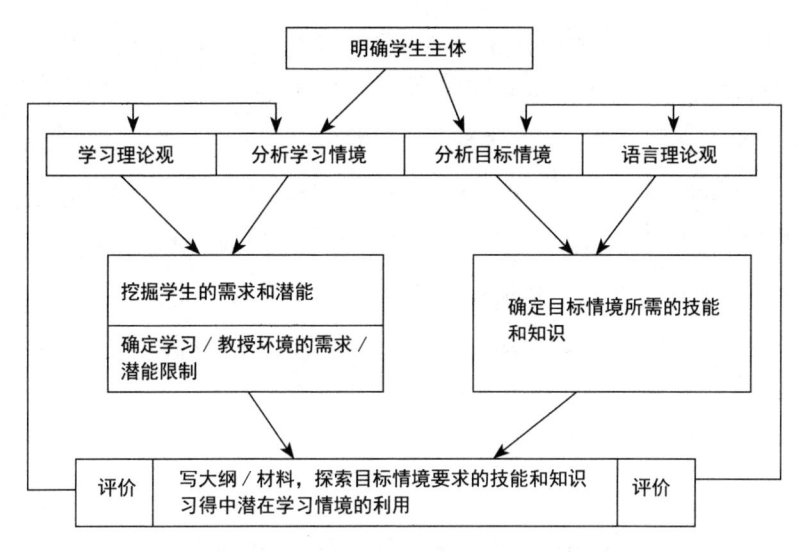

```
        ┌─────────────┐
        │ 明确学生主体 │
        └─────────────┘
   ┌────┬──────┴──────┬────┐
   ▼    ▼             ▼    ▼
┌──────┐┌──────────┐┌──────────┐┌──────┐
│学习  ││分析学习  ││分析目标  ││语言  │
│理论观││情境      ││情境      ││理论观│
└──────┘└──────────┘└──────────┘└──────┘
```

图 2-1-6　以学习为中心的课程设计模式

需求分析表明：专门用途英语学生学习英语是为了能读懂专业内容，他们无须用英语写、听和说。如果教师以语言为中心或以技能为中心方法设计课程，那么课程设计只要有课文阅读环节就可以，但如果教师采取以学习为中心的方法，其一，教师需要讨论更多的问题和因素，如何确定课程内容和教学法。比如，如何更有效地阅读？如何让学生通过写作更容易地掌握课文结构？如何通过语言节奏和音调让学生更好地阅读？等等。其二，单一技能教学法意味着什么？是否会导致课程单一或者练习方式单一？这些单一性是否会导致学生感觉无聊？能否以其他技能提高其多样性？语言教学需要不断地重复，但过分的重复必然导致枯燥。只有增加学习的多样性才能使学生的大脑保持警醒，集中注意力于目前的任务。通过多种技能对同一信息进行加工是保持注意力集中情况下巩固知识的一种方式。其三，学生对包含其他技能的任务如何作出反馈？他们对各种活动是否感兴趣？他们是否认为自己只需要阅读不需要其他技能？其四，阅读课堂资料是否能用得上其他技能？教授听说技能是否学生不积极参与？教师是否都能处理各种技能融合的方法？其五，学生是否更喜欢用母语进行讨论？使用母语教学是否能让学生更自如地表达自己的观点？学生是否会认为母语教学不能帮助他们学会专门用途英语？其六，学生在课程学习中的态度如何变化？开始学习专门用途英语时学生会感觉新鲜，但这种新鲜度会保持多久？在学生新鲜度降低时是否要改变教学法？其七，学生如何看待阅读活动，是喜欢还是尽量避免？

上述问题的答案会因学生和学习内容的不同以及学习时间的变化而有所差异，教师需要对这些问题的答案进行分析，并根据分析结果进行课程设计。

"以学习为中心"的课程设计模式的先进性通过以下 5 个方面的内容来表现。

①将语言的学习作为重点，并不仅仅在语言的使用限度内。

②专门用途英语课程设计的独特之处在于，它在每个环节都会考虑学生的因素，而不只在某些特定环节考虑学生。以语言为中心的课程设计在目标情境分析时考虑学生；以技能为中心的课程设计在进行目标情境和学习情境分析时考虑学生，而专门用途英语课程设计则会在所有环节都充分考虑学生的需求和背景，以便更好地满足学生的学习需求。

③课程设计的整个流程逻辑性更强，反馈系统也更完整、更科学。

④课程设计从开始到结束都能突出学生的要求和作用，充分调动学生的积极性。

⑤教学过程不单调，变得更加多样，学生兴趣不减退，学习效率得到了提高。

课程设计不应该是一个静态的、单向的过程，而是一个动态的、互动的过程。在每个阶段都考虑与学习相关的因素，以学生为中心，最大化学习情境的作用。基于以语言为中心的模式，教学应该符合目标情境的要求，即学习专门用途英语，可以用英语完成相关的工作任务，如英语解说等。

在设计课程时应该考虑学生的学习因素，并根据不同的课程设计模式来确定教学的重点。例如，以语言为中心的模式要求教学符合实际应用场景，以技能为中心的模式需要考虑学生的各项技能训练，以学习为中心的模式则需要考虑如何设计课程内容和教学方法，以最大限度地促进学生的学习和发展。在设计过程中，需要考虑学生的期望和兴趣，同时也需要不断地调整教学方法和评价学生的表现，以达到更好的教学效果。

为了满足学生日益增长的学习需求，教师必须成为学习经验的设计者，而不是传授知识的工具。不一样的课程设计方法会带来不一样的教学体验。因此，积极地探索综合性课程设计模式对于提高高等教育的质量和培养学生的自主学习能力至关重要。这种方法不仅有理论价值，还具有实践价值。

第二节 专门用途英语的课程评估和教师队伍

一、专门用途英语课程评估

（一）课程评估环境因素分析

对课程评估环境的分析，是采取有效地评估模式、收集评估信息的前提。只有清楚地了解课程评估的参与者、目的、内容，才能决定评估的方法和时机，才能有效地展开高质量的评估。涉及全校范围的课程评估与教师对所教课程的评估，其评估规模、手段、数据解读都会有很大的差异，所以对评估环境的分析应当是课程评估的第一步。

1. 评估的参与者

课程评估的参与者可以分为两类：外围人士和核心人士。

外围人士通常指那些未直接参与课程设计、教学、监督、管理的语言方面、专业方面或教学管理方面的专家。他们参与评估的优势在于能对课程进行较为客观的评价，因为他们是独立于教学团队的外在评价者，而且多具有更为专业的背景知识，对课程的社会实用性、语言教授效果等各方面会有更加宏观和准确的判断。但外围人士参与评估的缺点在于其想法和评价可能与现实的环境有差距。由于他们并未从事一线的教学和管理，对一线教学情况的掌握不够全面，对专门用途英语课程的评估，更多地依赖已有的经验和知识，所以可能导致部分评估结果与事实不符。要克服这一缺陷，就必须收集更为广泛、真实的一手信息。

课程评估的核心人士是指参与课程设计和教学的教师、学生、课程管理者、课程赞助商等直接相关人士。他们掌握着课程全过程最全面、最真实的信息，既是信息的提供者，也是信息的分析、评价者，这是外围人士无法比拟的优势。经过对巴西的一个 ESP 项目进行研究发现，该项目让教师和学生对他们参与的 ESP 课程进行形成性评估，效果良好，所以相关研究者认为课程开发者参与形成性评估最合适。

但需要注意的是，由于核心人士既是课程的参与者，又是课程的评价者，评价的结果直接影响着课堂生态，因此不分核心人士参与课程评价的心态会受到切身利益的驱动而无法保持公正客观。一些教师通常感觉课程评估是对自身工作的检查，而且评估的结果经常是一些要求改进的负面信息，对他们的正面努力肯定不足，因此对课程评估抱有消极心态。部分学生对评估的态度也不是十分积极，因为这部分学生认为自己的评价不能带来什么改变，或担心对教师的负面评价会给自己带来成绩上的干扰。要改变这一状态，学校应当让教师和学生明确参与评估的利弊得失，并引导他们关注评估带来的积极效果，激发他们参与评估的热情。

无论外围人士还是核心人士都有自己的立场和观点，所以要追求全面客观的评估，就应该邀请多方面人士参与，给予评估者充分表达自己意见的机会，全面衡量不同的观点，在综合考量、民主讨论之后，再作出最后的评估和决策。

2. 评估的目的

评估目的直接影响着评估策略，评估方法的设计是评估实施的重要一步。课程目标是需求分析的结果，在某种程度上说，课程评估就是课程进行中的需求分析。在课程开始前进行的需求分析，是对静态目标的分析，是一种期望，期望学生通过对 ESP 课程的学习能达到这一目标。随着课程的进行，学生的需求会慢慢发生变化，会越来越实际；教师也会发现越来越可行的办法。所以课程形成性评估开展的目的就是发现这些细微的变化，及时调整课程的教育模式，追求教学质量的提高。课程完成时的总结性评估对课程模式的调整已经没有太大意义了，但会影响课程将来的发展，也会对其他同类型课程的开设和实施提供有意义的借鉴，让其他课程少走弯路。

课程评估的目的：指导课程改革、记录事件、衡量投入与产出、发现与课程相关的职工的需求、发现其他未预料的课程结果、再次检验课程目标等。在实际的课程评估中，会出现各种各样的目的，不同的目的来自不同利益主体的不同诉求，需要评估者辨别形势、认真对待。

3. 评估的内容

评估内容依据评估目的不同会有各种变化。例如，评估的目的是分析成本效益，内容就可能是对投入与产出的分析；评估的目的是得出学生成绩的提高率，内容就可能是学生成绩的前后对比；评估目的是学生对教师的满意度，内容就可能是学生的满意度调查。如果是对某门专门用途英语课程进行全面评估，就涉及课堂教学和课外支持两方面的内容。课堂教学评估通常包括对课程设置的评价、对教师的评价、对教材的评价、对教学法的评价、对学生的评价等。这些要素均发生在课堂上，是课程评估最为关键的要素，与专门用途英语课程的质量密切相关。课外支持要素，例如，教学设备硬件支持，如教室是否有足够的设备、学生在课外是否有接触专门用途英语的机会和途径；教学软件支持，如教学管理是否到位、专业教师和英语教师是否有密切合作、英语教师是否有学习专业知识的便捷途径等。这些因素虽然没有出现在课堂上，但它们作用于课程的参与者，影响课程参与者主体性的发挥和发展。

评估课程的内容就是回答两个问题：一是这门课程是否满足了学生学习语言的需求；二是这门课程是否已经满足或正在满足学生使用语言的需求。如果两个问题的回答都是肯定的，那么这门课程就是成功的。如果回答是否定的，就要找出未被满足的需求是哪些，以及在哪个环节出现了问题，如教学大纲、教材、教与学的方法、测试方式、教学管理或者课程评估体系等。如果这些未被满足的要求在课程设计阶段没有被注意，就要思考是什么原因导致这种情况出现，并从中吸取经验，避免类似问题的再次发生。这些问题都是课程评估的核心内容。

在进行评估内容挑选时还必须考虑两个限制性条件：评估者收集信息的能力和评估者使用信息的能力。首先，即使评估者有很好的课程评估计划，但受限于资金、人脉或其他因素，可能无法收集到足够的信息，则计划永远只能停留在纸上，所以要立足评估者已有的条件，进行合理的规划，从而保证评估的可行性。其次，如果评估者投入了大量的资金和人脉进行信息收集，结果收集来的信息用处很少或无法使用，或调查的对象并不是准确的信息源，这将造成大量资金和人力的浪费，其后果可能削弱同事朋友合作的热情，使将来的合作变得更加困难。因此，正确估计自己分析信息的能力、做好资料收集前的准备工作是十分重要的。

4. 其他因素

课程评估者、评估目的和内容是课程评估环境分析的核心因素。除了这些因素外，还有一些与评估具体时机、形势相关的其他因素，如评估的级别。通常评估级别越高，参与者的态度就越认真、越主动。省部级或国家级的课程评估，由专门的评估专家组成委员会按照严格的程序进行评审，学校高度重视并积极配合提供各种详尽的资料，其评估的全面性和质量均较高。教师在课堂上进行的评估则没有如此严谨的程序，也不可能收集到如此全面的资料。

此外，评估者的 ESP 语言观、学习观也会影响评估的结果。例如，交际型语言教学的流行反映了人们对语言的关注已经从"形式"转向"应用",这种观念的变化使课程评估的重心不再是评价教师在课堂上是否传授了语言结构和形式的知识,而是评价教师是否教会学生灵活运用所学语言。由此看来,一个时期的课程评价总是带有该时期流行的语言观和学习观的印记。

(二)专门用途英语课程评估方法

现有的课程评估模式类型繁多,在语言课程评估中较有影响的是Lynch的环境适应模式。该模式的优势在于可以适应不同的评估环境,而且把评估作为一项专业技能的工作加以对待。例如,"环境清单(context inventory)"项目就包括对照组安排、可采用的语言技能测量手段、评估时间安排、学生和教师特征、项目规模和实施频度、项目理念和目的、项目的社会政治背景等的评估。对环境因素进行这样细致的考量,能够保证后续评估的顺利开展。该模式的评估步骤分为七个:确定评估对象,明确评估目的,收集项目背景资料,收集其他各方潜在的相关信息,确立评估主体框架,建立信息收集系统,制订评估结果汇报方案。

基于课堂且简单实用的四步评估法:确定目标、收集信息、分析信息、作出决策。但这种简化模式在具体操作时,却不能图方便省事,潦草完成。对于目标如何确定、由谁来确定、信息如何收集、谁来负责、数据怎样处理才更科学、作出的决策是否需要试运行等一系列问题都需要认真考虑。

国内学者王林海依据自己的教学实践提出了七步评估法:第一步,环境背景分析;第二步,确定评估目标和目的;第三步,回顾文献及设定调查方向、调查对象和调查手段;第四步,收集信息;第五步,处理、分析与解释信息;第六步,汇报结果、提出建议;第七步,进行决策。[1]这一模式对于课堂和学校层面的课程评估非常实用。

曾志嵘等人通过对课程评估的历史性回顾,推导出一个语言项目的评估模式:确定评估目标和项目风险承担人;聘用评估人员并进行培训;收集基准数据;形成性评估和终结性评估;书写评估报告;评估评估报告。[2]这一模式更适合于社会性或机构性的培训课程评估,可以在评估中突出成本效益因子。

---

[1] 王林海.语言教学项目的评估[J].外语电化教学,2006(3):39-43.

[2] 曾志嵘,赵为民,王东,等.新型教师教学督导评估机制的构建与实践[J].中国高等医学教育,2005(5):49-50;96.

无论上述评估模式如何千变万化，其评估的核心理念或方法不外乎以下3种类型。

1. 产品导向法

产品导向法（product-oriented approach）就是将评估的焦点导向某一特定的"产品"，这一产品通常是课程目标或教学目的。如果课程的评估结果达到了这些目标或目的，那么说明课程是成功的，反之则需要改进。

产品导向法的生成依据是每一门课程都建立在清晰可界定的教学目标和可测量的行为目标上，这些目标要根据社会、学生、学科的具体要求来确定。从这一视角出发，课程评估的任务就是在课程结束时评判这些目标是否都达到了。

在实际操作中，这种简单的、理想化的评估路径并不存在，因为课程的目标在整个教学过程中并不是一成不变的，它受到诸多因素的影响而处于动态变化之中，尤其是教师的具体教学目标。在课程开始前设计的课程目标，虽然对学生、学科、教材等因素有所考虑，但毕竟还未与学生真实地接触，所以难免有不符合实际的内容。随着课程教育的进行，教师更加了解学生的学习观、语言观和学习需求，这时修正的目标可能更加切合实际、更加可行。所以在学期结束时，作为衡量课程质量标尺的课程目标就会是多样化、多层次的，这就增加了课程评估的难度。但无论课程目标如何变化，产品导向法的核心是测量课程产出与目标之间的差距值，差距值越小说明课程质量越高。

2. 过程导向法

过程导向法（process-oriented approach）是将评估的焦点放在课程的实施过程上，评估目的是为课程的改进、升级、提高提供积极的有依据的建议。它的评估结果并不是给某门课程贴上一个合格或不合格的标签，而是完善课程教学的一种提示。虽然此种评估被称为过程导向性评估，但其实质更接近一个课程质量监控器，在课程的进行中时刻监控课程的质量。

利用过程导向法对课程质量进行监控时，需要注意该方法的两个特征：一是对课程目标价值的持续评估。过程导向法认为课程目标的价值从一开始就应该受到关注，并保持跟踪评估。一旦发现某个目标实际上没有价值，就应该及时修正，始终保持课程目标价值的最大化。二是倡导无目标评估。课程评估不应该受到预期目标的束缚，因为预期目标不一定完全有价值或全面覆盖了课程带来的成果，所以在评估时，应该对任何可能的结果保持开放的态度，留意未曾预料到的结果，研究这些结果的意义，认真关注教学过程的每个环节。

过程导向法的评估模式又被称为面貌模式或赞成模式（countenance model）。该模式包括3项基本内容：①确定评估的基本理论原则；②进行描述性操作，通过观察发现有意义的行为，并对其进行描述，力求发现其背后的目的；③依据特定的标准和理论原则，对课程表现进行评判性操作。评判性操作分三个阶段：第一个阶段是课程开始前，评判课程的初始状态；第二个阶段是课程进行中，对课程参与者的互动表现加以评判；第三个阶段是课程结束后，对课程成果进行评判。有学者将评估过程中"描述"和"评判"两种行为分离开来研究，并强调"描述"与"评判"同等重要，这使得评估更为客观、全面，受评估者主观意识干扰减少，同时还倡导动态评估，认为评估应该根据参与者要求的变化而不断改进。

3. 决策促成法

任何评估最重要的成果都是促成某项决策，从广义上说，任何评估方法都可以被称为决策促成法（decision-facilitation approaches）。但在狭义的决策促成法中，评估者试图避免作出任何判断，他们只是收集信息，将其提供给教学管理人员和教师，由教学管理人员和教师依据信息作出判断和决策，所以评估者的角色是信息收集者。CIPP模式（一种以决策为中心的教育评价模式）和矛盾模式都属于决策促成法。

CIPP的四个字母分别代表Context Evaluation、Input Evaluation、Process Evaluation和Product Evaluation。Context Evaluation是评估者评价课程目标设定的原则和环境条件的过程；Input Evaluation是评估者分析达到课程目标所需资源的利用情况的过程；Process Evaluation是评估者为决策制定者提供周期性反馈的过程；Product Evaluation是在课程进行中或结束时，评估者对目标达成情况的测量和解释的过程。在运用CIPP模式进行评估时，需要注意三个关键点：一是评估是为"制定决策"服务的，所以它为决策制定者提供的信息应该是对"制定决策"有用的信息；二是评估是一个循环、持续的"过程"，所以必须通过一个系统的方案加以实施；三是评估过程主要分为三步：现象描述、信息收集和信息提供。

矛盾模式是由美国学者普罗沃斯（Malcolm M. Provus）提出的，将评估定义为首先界定课程标准，然后发现某些课程表现与课程标准间的矛盾，最后利用这些矛盾的信息改变课程表现或改变课程标准的一个过程。从这一定义中可以看出，该模式将产品导向法和过程导向法合二为一，既考查了课程是否达到目标，又要求特别关注没有达到目标的情况，并对之加以改进。为了促进正确决策的形成，普罗沃斯设计了五个阶段：课程设计阶段、课程考察阶段、过程评价阶段、目标达成情况分析阶段、成本效益分析。其中，第二至第四步是核心，在课程进行中需要评价课程表现与目标的矛盾之处，并作出调整，然后再评估调整后是否达到目标、是否有新的矛盾出现，如果发现新的矛盾，再重复二至四步，所以课程评估是一个持续循环的过程。

（三）专门用途英语课程现行评估方法

1. 结果性测试

评估的方式多种多样，常见的有评价、考查、问卷、面谈、讨论、观察等方式。目前国内语言教学过程中最常用的一种评估手段是测试。

有观点认为，测试即评估，二者具有等同的含义。事实上，测试和评估有着较大的差别，它只是众多评估手段的一种，是评估的一个组成部分。弗雷德·杰纳西（Fred Genesee）认为，测试主要是对个人在某个特定时间段内所具备的技能或行为的测量，通常具有局限性和静态性；而评估则不同，它是一种动态的观点，强调实践过程的发展。因此，测试者通常关注结果，而评估者则关注整个实践过程。[①]

1990年，开发语言课程的观点被提出。测试在课程开发中占中心地位，是需求分析和评估的重要组成成分，在很大程度上影响了教学设计与实施。语言课程开发包括五个方面：需求分析（needs analysis）、教学目标（goals and objectives）、课程设计（syllabus design）、教学法（methodology）、测试与评估（testing and evaluation）。无独有偶，H. 道格拉斯·布朗（H. Douglas Brown）于2001提出的课程系统法与此十分类似。课程系统法包括六个环节：需求分析（needs analysis）、教学目的（objectives）、测试（testing）、教材（materials）、教学（teaching）与评估（evaluation）。测试是教学活动中不可缺少的一部分。一个好的测试体系不仅可以紧密连接课程中的各个环节，使其更具有连贯性和目的性，还可以改变学生与教师的期望。

---

① 唐耀彩，彭金定. 大学英语口语考试对英语学习的反拨作用 [J]. 外语界，2004（1）：25-30.

测试与评估是检验各校执行教学大纲情况、教学质量、学生水平的重要手段，具有一定的导向作用。同时，测试必须具有科学性、客观性和可行性。测试应既有助于提高学生的语言运用能力，又有助于培养学生的思维分析能力。教学评估是大学英语课程教学的一个重要环节，全面、客观、科学、准确的评估体系对于实现课程目标至关重要。它既是教师获取教学反馈信息、改进教学管理、保证教学质量的重要依据，又是学生调整学习策略、改进学习方法、提高学习效率的有效手段。综上，测试是评估和检查教学质量的一种手段与方法，不能看作目的，测试应该为教学进行服务。

目前，国内英语专业四级、八级考试是衡量英语专业学生英语水平的权威标准，也有人用此衡量专门用途英语学生的英语水平。尽管英语专业四级、八级的考试内容和题型在不断变化，并且逐年增加英语专业相关知识的内容，但总体来说它是对学生英语听、说、读、写、译等基本技能掌握程度的考查，不能有效、公正、如实地反映专门用途英语学生的能力与水平。其中，主观题比重为60%，客观题比重为40%。考试项目顺序为听力理解、阅读理解、人文知识、校对改错、翻译、写作。

唐雄英指出："特殊用途英语测试虽说使用范围相对较小，但如同各行业都有自己的标准一样，各个行业的英语考试也应有明晰的考试规范，不能只作笼统的说明。"[①]因此，我们不能将看似难度较高的英语专业考试用来衡量专门用途英语水平，而应该根据专门用途英语的教学内容和教学目的进行有针对性的考查。这就要求专门用途英语考试标准至少应该考虑两个方面的内容。首先，测试应确定专门用途英语的专业程度与语言能力。语言测试的前提是界定该项考试要求的语言能力。国外众多专家学者均认为，专门用途英语语言能力的界定标准应建立在对其真实使用情况——需求分析的基础上。测试标准的制定和测试的设计只有对考试的目的、学生因素和行业需求进行分析之后，才能建立起科学合理的考试体系，有效考查学生的学习情况和教学效果。其次，测试应考虑专门用途英语独有的文体特征、使用范围、交际策略、专业知识的掌握程度和对各专门用途英语语言技能的不同程度的要求等。因此，专门用途英语独立的测试原则必须建立在需求分析的基础上，如此才能建立科学合理的测试体系，准确把握学生的学习情况和教学效果。

---

① 唐雄英.ESP能力测试问题再探索[J].外语与外语教学，2004（6）：61-64.

考试规范确立以后，即可选择特定的测试形式对学生的英语水平加以考查。除了常规的期中和期末考试、课程论文，教师还可以根据教学方法和课程目标的不同选择相应的测试形式。例如，以课堂授课为主的教学方式可以采取学生自主讲解并分析部分章节内容的形式进行考查；任务型教学法可以通过任务完成的形式——书面或口头报告进行考查；实用性较强的课程如医生英语，可以通过学生对实际案例的调查和分析进行考查；等等。无论哪种评估方式，都应满足学生对专业知识的需求，提高其学习和研究的兴趣与能力。

2. 课堂讨论

课堂讨论法是从建构主义学习理论基础上发展而来的一种最常见、最方便、最有效的评估手段。它不仅适用于专门用途英语，也适用于任何形式、任何领域的课堂教学。与建构主义学习理论一致的是，课堂讨论同样尊重学生的主导地位。通过这种方式，学生能够最大限度地参与教学活动，其学习的积极性和热情会因受到来自外界的影响而得到提升，便于学生及时提出和解决问题。学生的满足感增强，学习兴趣提高，因而更加乐于学习。

除了对学生本身的激励作用，课堂讨论对教学活动的开展也起到了推动作用。一方面，课堂讨论有助于课堂气氛的活跃、师生关系的融洽。学生都能参与思考和讨论，并对教学内容提出反馈意见，这就有利于教师有针对性地及时加以引导和解决。另一方面，学生的反馈意见有时还能给任课教师较大的启发，教师能够根据学生讨论的情况不断变更讨论重点、改善教学方式。有时，学生提出的问题比较棘手，教师必须在课后进行深入研究，这就促进了教师自身素质的提高。因此，课堂讨论在评估教学效果中是必不可少的。

3. 书面或口头报告

书面或口头报告多见于研究性课程，指要求学生通过书面或口头的形式向教师和学生表达其对某一问题或某些问题的观点、看法或研究成果。这一评估方法能够真实全面地反映学生对相关问题的掌握程度，因此是教师评估学生能力和教学效果的重要方法之一。

书面或口头报告的内容既可以是对课堂教学内容的归纳总结，也可以是对课外相关知识的整理和分析。这种方式对学生独立查找资料、独立阅读、独立分析、独立思考的能力要求较高。因此，学生在经过一段时间书面或口头报告的训练之后，不仅能够提高语言学习的能力、扩大知识面，还有助于在研究过程中寻找和发现兴趣所在，提高学习的积极性。

报告的形式多种多样，既可以呈交传统的书面报告，也可以运用多媒体技术以幻灯片的形式展现出来。其中，多媒体技术已经成为目前较为普遍的课程评估方式之一。多媒体的有效利用不仅操作快捷，还能够使报告更加丰富、生动，无论是学生制作还是教师检查都非常方便，有利于推进教学进程。

4. 个案跟踪与分析

个案跟踪与分析适用于实用性较强的专门用途英语课程，如法律英语、医生英语、旅游英语等。通过对具体案例的实际操作和体验，学生不仅能够有效掌握相关领域的词汇与表达等语言知识，还能了解具体的业务操作流程等专业知识，在扩大知识面、发掘业务潜能的同时，培养语言的实际运用能力、扩大就业面。

以外贸英语为例，教师可以向学生提供贸易双方就某笔交易的详细资料，学生可以根据这些资料上网搜索交易是如何一步一步进行的，并对每个步骤进行相应的记录。搜集齐所有步骤的相关资料后，可以让他们分别对交易的各个环节中交际双方的资料进行分析和总结，最终归纳出外贸英语中语言的特殊之处。学生在跟踪案例的整个过程中亲临其境，直接接触特定语境中的语言内涵，这对学生自学能力的提高有极大的促进作用。

如果时间、条件有限，可以采取模拟情景的办法代替。学生可以在课堂中模仿交易的真实场景，尽可能地使用真实资料。在模仿过程中，学生将直接接触该领域中的真实语言和操作流程，并对其有了切身体会，因而更加容易掌握其中的语言和专业知识。

（四）现行评估方法中存在的问题

由于缺乏成熟的教学理论、统一的教学大纲、系统的教材，现行的专门用途英语测试不能真正起到考查和督促学生学习的作用，也难以如实反映教学情况。其中存在的问题主要表现在以下3个方面。

1. 考试形式不规范

考试形式不规范主要表现在考试的重点、形式和标准不一致。不同教师的命题方式、难度不同，很难客观、公正地反映学生的实际语言水平，甚至降低学生的学习热情。

2. 考试内容缺乏真实性

有些英语测试过于注重对学生语言能力的测试，而忽视了对学生专业知识的考查，这样的测试不够真实。教师应该把语言和专业知识结合起来，既要在英语测试中考查学生的专业知识，也要在专业测试中考查英语知识。只有二者分配比例合理，测试内容和结果才是相对真实的。对此，我们可以在测试中增加阅读理解和翻译题，在考查学生语言理解能力的同时，还考察其对专业知识的熟悉程度。而任何专业知识的测试都依赖语言得以存在，因此在测试专业知识的同时，也考查了学生的英语水平。

考试内容的非真实性还体现在测试情景与现实情景的不一致上。虽然这一点直接影响了考试结果的真实性，但在实际操作过程中往往很难做到真实性和可行性的统一。对此，唐雄英指出："目前，在通用英语考试中也未能完全解决这一矛盾。实际上，若专门用途英语考试不能解决这一问题，它也就落入了通用英语考试的困境，这种因考试方法的局限性引起的误差同时也会模糊专门用途英语测试和通用英语测试的界限。"[①] 因此，教师应该加大对测试评估理论的实践和研究力度，寻找既可行又真实的测试形式。

3. 缺乏系统性

除上述问题外，目前国内虽有部分教师已经有意识地对教学效果评估作出一定改变：采用结果性测试（期末成绩）+ 平时成绩（课堂讨论、报告等）的评估方式，但"平时成绩"的考核仍存在不完善、不系统的问题。大部分时候，教师的这种改变只是偶然性的举动，是为了教学效果而变换教学节奏的举措，而并非有意识地建立健全教学效果评估系统。另外，很多时候教师并未对学生每次的课堂讨论、报告总结的效果作出系统的明确的评价记录，学生的平时成绩往往是教师最后根据个人印象作出的笼统评估，缺乏客观性、系统性和科学性。

通过上述分析我们可以看出，目前国内虽然存在种类多样的评估方式，但由于各评估方式之间尚未建立起紧密、科学的联系，因而教学效果评估仍然是我国专门用途英语教学中相当薄弱的环节。鉴于上述问题，评估系统的改革势在必行，教师应有意识地建立健全这一评估系统，为我国专门用途英语的长远发展奠定坚实的基础。

---

① 唐雄英. ESP 能力测试问题再探索 [J]. 外语与外语教学，2004（6）：61-64.

二、专门用途英语教师队伍

（一）专门用途英语教师的角色定位

不同的英语教学法和教学理论会给语言教师不一样的身份或者角色，如组织者、朋友等。在专门用途英语教学过程中，教师角色有着更多的身份及技能要求，使得这一角色变得更加多样化。根据具体的教学情况，专门用途英语教师主要需要扮演以下4个角色。

1. 研究者

语言教师需要具备扎实的语言理论基础和探索创新精神。语言素质包括已具备的知识和实践经验。那些获得实践经验的教师被称为"思考型教师"，他们精通教学技巧，并在与学生互动前后认真思考。这种探索不仅为了促进学生的学习，也为了将研究方向定位在课堂这一现实环境中，从而促进专业方向的自我完善和真正的研究。要实现这一点，理论知识是必不可少的。理解语言教学的基本原理，包括第二语言习得理论、语言学等，对于教学非常重要。这些理论的应用和检验贯穿整个教学过程，能够帮助专门用途英语教师在教学活动中不断探索创新。通过将教学和研究相结合，教师不仅可以适应国内高校的新发展趋势，还可以与国际学术界的发展接轨，实现从"教书匠"转变为研究者的目标。

2. 实践者

作为一名语言教师，需要具备一定的授课技巧和基本技能，而作为专门用途英语教师，则需要在课堂教学中掌握以下技能：课堂管理、编写教材、精心备课、使用现代教辅设备、编测试题、评估课程。

3. 分析者

作为一名专门用途英语教师，必须了解目标语言的特点。一方面，虽然有些专业英语教师已经使用该语言，但对目标语言的特点不够了解。另一方面，有些专门用途英语教师可能不是该语言的母语者，但他们可以通过观察该语言的系统和交流机制，用语言能力分析目标语言的特点，从而帮助学生更有效地学习。因此，专门用途英语教师即使不是目标语言共同体的成员，也可以胜任这一领域的工作。

4. 合作者

说到专门用途英语的教学，不管是由专业的专门用途英语教师授课，还是由专业的学科教师进行授课，都有其优势和劣势。为了获得更好的教学效果，这两个领域的教师需要在语言教学和专业教学方面进行交流和协作。这种交流不仅可以互相补充不足，还可以提高该课程的教学效果。

一名合格的专门用途英语教师需要同时扮演多种角色，他们需要有坚实的语言学理论基础、丰富的教学实践经验，以及对目标语言的全面了解能力。

（二）专门用途英语教师应具备的素质

从以上讨论可以得出，专门用途英语教师应具备如下素质：灵活性、英语语言能力、英语教学经验、研究能力、乐于向学者和专家学习的精神、团队精神及对专业的兴趣。总的来说，大体可归为如下三类：语言能力、专业知识、教学能力。

教师需要根据特定目的制订专门用途英语的三种教学方案：一是让学生掌握该专业内专用的语言；二是使学生理解整个篇章，掌握篇章的整体方法，注重对语言的应用；三是引导学生制订自己的学习计划和策略。在专门用途英语教学活动中，学生应该是主导和中心，这样才能够取得更好的学习效果。

综上所述，专门用途英语教师需要承担如下角色：课程设计者、需求分析员、评价员（评价学生的学习情况和选定适当的教材）、斡旋者（处理好与学习者、项目领导者及专业教师的关系）、合作者（与专业教师通力合作）、教师、学习伙伴、研究员。

（三）专门用途英语教学队伍建设

1. 团队与教学团队概念

（1）团队概念

教育界在20世纪80年代就已经使用"团队"这个词来指代各种正式的群体，如"学术团队"。这些团队包括教学团队成员和其他与教学活动相关的人员，他们互相学习与支持、互相帮助与配合，为了共同的教育目标而一起奋发努力。

（2）教学团队概念

教学团队概念的界定主要有三种方式。

第一种强调教学团队的形成方式。使用西方企业人力资源管理理论，也就是说，在高等院校中，教学团队是由一定数量业务能力互补、教龄年龄梯次和职称结构合理的教师组成的。他们都同意专业建设和课程建设的目标，是共同承担责任、团结互助，为打造品牌专业和精品课程而一起努力的团队。

第二种是根据教育部和财政部提出的"质量工程"要求而提出的。在这种情况下，教学团队是由教学任务相似的教师组成的，这些教师都具有较高的教学水平和深厚的学术造诣。教授会领衔并承担责任，教学团队有着合理的知识结构和年龄结构和有效的沟通和合作机制，能够合理配置教学资源。教研、教学经验交流和学术合作也是他们经常进行的活动，以实现优势互补、共同发展和携手前进。

第三种教学团队的定义结合了西方人力资源管理理论和中国教育部、财政部"质量工程"的要求。一个有效的教学团队需要有明确的教学改革目标、合理的成员组成结构、长期合作基础形成的教学集体，成员具有合理的职称、知识和年龄结构，以及良好的教学实践平台和明确的教学改革任务要求。有学者将其概括为目标明确、成员互补、分工协作、有效沟通、绩效显著等关键因素。此外，持续发展性和示范性也是教学团队必须具备的特点，强调团队精神。

2. 教学队伍建设标准

我国大多数研究者都同意《北京市教育委员会关于优秀教学团队建设的原则意见》中的几个原则，包括教学与科研相结合、团队建设与课程、专业建设相结合、注重创新能力培养、师德建设以及资源整合等原则。此外，他们也补充了一些其他原则，比如教学团队应该有高远的目标并且可行性强，应该鼓励跨学科、跨校建设优秀教学团队，以及团队整体水平应该不断提升等。

3. 专门用途英语教学团队的基本特征

第一，一个教学团队有一个共同的要求，就是使用专业英语来教学。为了实现这个目标，团队成员之间需要分工合作、相互依存，形成一个正式的群体。这个群体由不同年龄、职称、知识结构、学历和学员结构的教师组成，包括有经验的老教师、中级教师和年轻的新手教师。

第二，教学团队有一个明确的目标，就是改善教学质量。为了实现这个目标，团队要致力于实验教学基地等教学基础设施的建设，同时探索新的教育教学理念和方法，推动教学内容、方法和手段的创新和改革，提高人才培养的质量。同时，教学团队也要通过整合教师资源、促进教师之间的协作和互助，来培养和锻炼高水平的教师队伍。

第三，教学团队要有一种团队精神，包括两个方面：一是团队成员之间要有内聚力，这样才能形成团队意识，让大家都为团队的发展而努力；二是团队成员之间要有合作意识，这样才能发挥出团队的整体优势，让整个团队的效率比单个成员高。这个概念可以用"木桶理论"中的"缝隙决定原则"和"孔决定原则"来解释。

第四，教学团队有成员角色定位特色。成功的团队是通过把不同性格的人集合在一起的方式组成的，成功的团队必须包括担任不同角色的人。在实际工作和生活中，团队成员的角色远比理论模型丰富，在一个团队中，一个人可能同时承担两个或更多角色，一种角色往往由几个人担任，一个人担任的主要角色也会随着时间、情境的转变发生变化。因此，团队理论中的角色模型带有一定程度的理想化色彩，而在实际的团队建设中不能机械地理解这些角色，要灵活运用。

4.专门用途英语教学团队建设的重要性

（1）满足高校外语教学改革的需要

为了让学校发展得更好，教师需要改革教学方式、提高教学质量，同时彰显学校的特色，从而提高学校的生存能力和市场竞争力，占据更高的社会地位。而要实现这个目标，就需要组建一个结构合理、技能互补、学科交叉、富有特色的专门用途英语教学团队。教学团队有两个重要的作用：一方面，他们关注专业和学科的最新动态，共同探讨前沿问题，利用团队的智慧和合理的分工协作为专业领域的突破和创新提供条件；另一方面，这个由不同职称、年龄和学历的教师组成的团队也可以互相传授经验和知识，实现老中青教师之间的资源共享和互补。在这个过程中，外语教师和专业教师也可以互相补充、相互提高，使得整个教学团队更加强大。

（2）提高高校教育教学质量的必由之路

不论是个人需求还是社会需求，专门用途英语都是未来外语教学的必经之路。学科的分化和综合、学科之间的交叉和渗透进一步加强，在教学中，许多问题需要多个学科的知识共同解决。新的学科和技术也是在不同学科的交汇处产生和发展的。因此，教师需要整合相关课程的内容，以满足社会和经济对人才的需求。

同时，综合化的教学内容和信息化的教学过程使得单个教师难以应对日益复杂的知识和教学内容。

（3）实现人才梯队建设的重要保障

教学团队有两个作用：第一，为青年教师提供向专家学习的机会；第二，让学校教学名师担任引领示范的角色，直接指导和帮助青年教师。

专门用途英语教学团队建设是为了更好地满足社会对人才的需求，打破了传统单科课程独立、内容繁多、难度大的教学模式。而这种综合化的教学需要名师和团队的协作，单个教师难以胜任，需要依靠教学团队的力量来共同完成。

5. "三位一体"专门用途英语教师专业发展合作模式

（1）"三位一体"专门用途英语教师专业发展合作模式的内涵

专门用途英语教师专业共同体指的是一群英语教师，他们有着相同的教学目标和兴趣，并通过共同的实践和团队学习，不断地合作、对话、交流，最终实现整个专门用途英语教师群体的成长。这种团队可以帮助教师提高专业技能、增强教学能力，更好地适应不断变化的教育需求（专门用途英语教师专业发展合作模式见图2-2-1）。

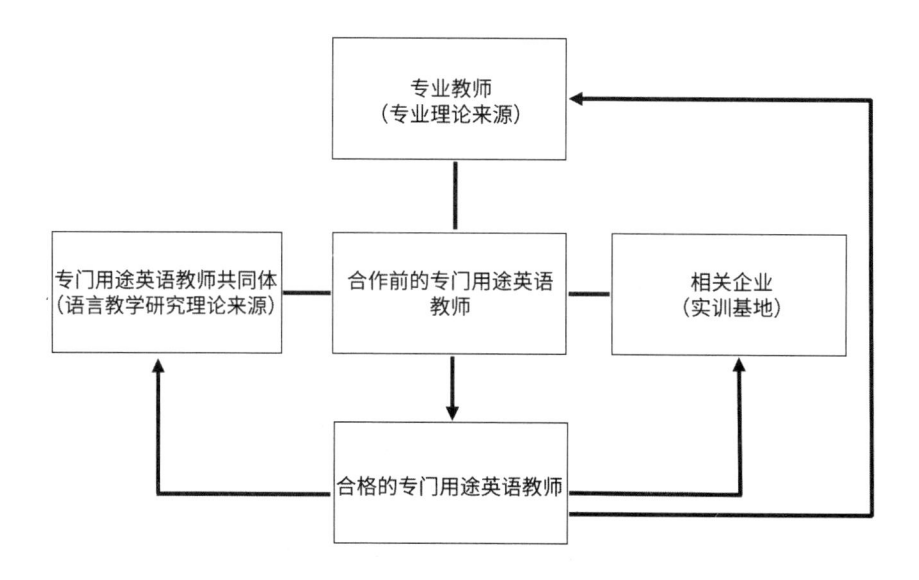

图2-2-1 专门用途英语教师专业发展合作模式图

相关企业指那些与国外公司有密切业务往来，有发展本公司专门用途英语成员职业素养和共同研究专门用途英语意愿的企业。该模式具体内容如下：

第一，企业根据自身的业务需要提供相应的专门用途英语项目，由专业教师和专门用途英语教师专业共同体共同合作提供理论支持。

第二，由专门用途英语教师执行实际操作来完成。在专门用途英语的合作教学中，专业教师是提供理论知识和项目建议的人。他们的职责如下：协助描述目标语言的情境，提供难点信息；推荐相关的杂志、图表等阅读材料；编写教材；制作教学录像或录音；举办专业知识讲座和小型学术讨论会，承担教学职责。专门用途英语教师需要整合专业课教师提供的这些专业信息资源使之应用于英语语言课堂。

第三，相关企业为专门用途英语教师提供实践基地。在一个项目中，英语语言教师、专业教师和企业之间需要密切合作、互相协作以推进项目的完成。英语语言教师通过专业教师的帮助获取理论和实践知识，并积极探索和创新。同时，企业也可以利用高校教师资源节约生产成本、获取更高利润。这种合作模式的成功运行需要三者之间的密切联系，缺一不可。

综上，高校专门用途英语教学团队可以根据本校专业设置情况和企业选人、用人的量化标准，按照企业的标准预支形成共建单位，定时安排学生实习、见习，形成"三位一体"的合作模式，培养学生各方面的素质。

（2）"三位一体"专门用途英语教师专业发展合作模式的特征

第一，专门用途英语教师角色的转变。新的教学模式强调专门用途英语教师在合作中的主导地位和作用。在这种模式下，专门用途英语教师不再被动地接受知识，而是积极地参与其中，做知识的建构者。他们不仅将专门用途英语理论传输到课堂，而且还是这些理论的创造者和实践者。通过完成合作项目，为不断丰富的专门用途英语理论和教学实践经验打下坚实的基础。

第二，专门用途英语理论与实践的有机结合。这种合作模式的主要目的是激发企业、专业教师和专门用途英语教师专业共同体等各方的积极性，共同促进专门用途英语教师的健康持续发展。通扩展将专业知识和解决企业实际问题，促进理论与实践的结合。这种合作模式很好地弥补了专门用途英语教师在专业理论和实践知识方面的不足，帮助他们不断完善自身知识结构。

在理论的指导下，通过实践项目，专门用途英语教师能够了解专门用途英语在社会上的需求程度以及其发展的过程，并通过发现自己的课堂教学和专门用途英语课程改革中的不足，深化专门用途英语课程的设置改革，这将促进课程和教学资源的开发和利用，为构建合理的课程评价体系提供理论依据。这种实践平台也使专门用途英语教师成为反思实践者，促进他们在专业知识和专业语言方面不断自我更新。

第三，产学研的有机结合。产学研是高校促进教师和企业专家合作，为实现社会价值、提高企业效率和推动社会进步的一种重要方式。这种合作让高校把研究成果更好地用于实践，也让企业获得更实际的经济效益。专业教师和教师共同体提供了产学研所需的人才和智力支持。同时，这种合作模式也能够让高校优化教学目标、课程设置和人才培养模式。

第三节 专门用途英语的教材设计和教学大纲

一、专门用途英语教材设计

普通英语教师很少自己编写教材，因为市场上有各种各样针对不同层次的学生的教材。而专门用途英语教师则不同，他们常常面临自编教材的问题。由于专门用途英语的学生人数较少，而且各个学校和专业的需求不同，因此专门用途英语教材的受众范围相对较小，带来的利润也不如普通教材那么高。专门用途英语教材与普通教材不同，较少由许多学者、专家和一线教师共同编写。相当多的专门用途英语教师需要自己编写教材。

许多专门用途英语教师没有完整的教材可用。他们不得不寻找一些材料来给学生上课，但这并不等同于自己编写教材。因为这些找来的材料没有经过严谨的设计和处理，没有考虑教学大纲、学生的需求、教学法、教学环境等因素，所以这些材料仅仅停留在一些材料上，不能称得上真正的自编教材。

（一）自编教材的优势与问题

自编教材有两种形式，一种是由出版社正式出版的；另一种是未正式出版，但也经过了教材编写的严谨程序而产生的。自编教材的优势在于：

首先，自编教材是为了满足学生需求和学校要求进行设计的，针对性强，降低了众口难调的风险。

其次，教材的修订与拓展拥有较强的灵活性。因为它是小众教材，涉及的学生和教师数量都较少，所以教师可以根据授课时的反馈信息，进行相应的修订和补充，学生实际上也参与了教材的修订。

再次，通过教材编写的实践，能培养一批专门用途英语骨干教师。因为参与教材编写对提高教师的专业英语水平、提高对专业知识的整体认识、增强对专业术语的表达和理解都有相当大的促进作用。例如，一本教材也许只有十篇文章，而教师为了找出十篇最有代表性的文章，可能阅读了几十甚至上百篇的文章，而这些文章大多是专业的英语文献，所以教师通过这一过程不仅增强了专业英语的表达能力，解决篇章结构和语言方面的问题，对专业知识的掌握也有极大的促进作用。

最后，增强教师授课的自信心。使用别人编写的教材，由于不能完全知晓教材中文章入选的理由、教材结构设计的目的，加之教师本身并不是专业课教师，对自己的专业知识本来就信心不足，授课时，碰到疑问就会习惯性地"绕道走"。而自编教材则不一样。由于教师对教材中的每一处疑问，在教材编写时都经过反复研究，而且教材的设计是自己认同的理念，所以使用起来不仅自信，而且更加得心应手。

但自编教材也存在一些问题：一方面，由于参与编写教材的教师数量有限、水平参差不齐，加之编写经费不足等问题，导致自编教材的整体质量和规范性与统编教材无法相比。统编教材的平均质量通常高于自编教材的平均质量。另一方面，投入与产出往往不成比例。教材的编写是一个辛苦而艰巨的任务。对教师来说，在保证正常授课的情况下，还要投入大量时间和精力编写教材，这无疑是一种考验。可以说，教师的投入非常大，而学校为了一本教材也会投入一定的资金。但教材的使用者却并不多，所以从经济角度来看，自编教材的成本效益不高。如果从长期效益，如培养和锻炼教师队伍的角度来看，还是有价值的。

（二）**教材编写计划**

专门用途英语教材编写涉及许多人，他们可能来自不同的专业，承担不同的责任，所以是一项复杂的团队工作，必须有一个较为详尽和可行的计划来确保教材编写的有序和效率。

1. 理查兹教材编写计划

（1）组建编写团队

在组建团队时，要确定编写团队的人数，以及每个人在团队中的分工和职责。在小的编写团队中，几个成员不需要过细的分工。而在大的团队中，必须确定各个职位的人选，具体职位和职责如下：

主编：负责管理整个教材编写的过程，如设定编写目标、编写思路，协调各部门人员间的沟通等。

写手：负责创作教材中所有需要自创的内容。

媒体专家：负责教材设计的音频、视频、计算机软件等内容。

编辑：对写手创作的材料进行审读，编辑最终出版所需要的材料。

插图设计：负责准备和挑选有关插图和绘画方面的内容。

版面设计：负责整本教材的版式、格式、字体、视觉风格设计。

（2）规划编写步骤

通常的教材编写包括以下步骤：编写一稿、一稿审订、编写二稿、二稿审订、教材试用、教材最终定稿。这些步骤并不一定是线性的，有些步骤可以同时开展，而有时修订的次数也不止两次。教材的编写往往是这些步骤的循环往复。

（3）挑选审稿专家

教材编写中的一个关键性人物是审稿专家，在某种程度上是教材的质检员，通过对教材的评判研读，提出建设性意见。教材的编写者对审稿专家的意见应当持开放的态度。所以广泛听取别人的建议，对于提升自身作品的价值是十分有益的。审稿专家可以是一两个人，也可以是一个焦点小组，大家集思广益，对教材进行批判性审读。

（4）制订编写时间表

根据每个编写步骤的任务量制订科学合理的时间表。虽然有时候编写步骤会来回循环反复，但一个大体的时间框架，阶段性的编写目标必须设定。

（5）教材试用计划

在教材正式推广使用前，挑选具有代表性的教师和学生，试用已编写出的教材，并回答下列问题：

教材的可理解性和可教授性如何？

教材中存在编辑和内容方面的错误吗？

教材的难度梯度合适吗？

教材完成自己的任务了吗？

教材回应学生的需求了吗？

有足够数量的操练材料吗？

教材是吸引人和有趣的吗？

在实际的编写中，等到教材的终稿出来后再试用往往不太现实，所以可取的方式是由不同的教师试用教材中的不同部分，再将他们的反馈意见集中起来，这样还可以让更多的学生和教师参与试用。

（6）设计和制作

教材的设计涉及版面设计和美术设计，好的设计会给教材添加更多的界面友好因素，让学生更喜欢它。制作是指印刷、出版等方面的工作，应该考虑可能出现的各种问题。

2. 布朗教材编写程序清单

布朗制定了一份教材编写程序清单，如表2-3-1所示。

表2-3-1 教材编写程序单

编写程序	主要内容	理论与修正
A.Over all curriculum 课程总览	1.Approach 理念	a.Theoretical bases 理论基础
		b.Revise 修正
	2.Syllabus 大纲	a.Organizational principles 组织原则
		b.Revise 修正
B.Needs 需求	1.Define 确定	
	2.Revise 修正	
C.Goals and objectives 宗旨和目标	1.Define 确定	
	2.Revise 修正	
D.Tests 测试	1.Proficiency or placement——Get a fix on over all level 水平测试或分级测试确定总体水平	
	2.Diagnostic or achievement——Get a fix on appropriateness of objectives 诊断测试或课程测试——确定目标水平的可取值	

续表

编写程序	主要内容	理论与修正
E.Creating 编写	1.Find teachers willing to work as materials developers 确定愿意参与教材编写的教师	
	2.Ensure that all materials developers have copies of relevant documents（program description, goals and objectives, materials blueprint, scope and sequence chart, grant diagram, or whatever）保证所有教材编写者都有相关资料（包括课程描述、课程宗旨和目标、教材规划、教材编写安排、教材编写项目系统规划等）	
	3.Divide the labor 分配任务	
	4.Work individually or in teams to create the materials 单独或以团队形式编写	
	5.Establish are source file 建立资源库	
	6.Consider working modularly in material packets 考虑以模块形式给材料分组	
F.Teaching 教学	1.Pilot materials 教材试用	
	2.Discuss their effectiveness 讨论试用效果	
	3.Revise 修订	
G.Evaluating 评估	1.Evaluate your own materials 评估你自己的教材	
	2.Revise materials 修订教材	
	3.Produce materials in a relatively durable format 花较长的时间自编教材	
	4.Consider publishing the materials 考虑出版教材	
	5.Remember that materials are never finished that is, consider on going materials development particularly in terms of how well all materials are meeting the needs of your students	
	6.记住教材编写没有截止日期，因为学生的需求在不断变化，而满足这些变化的需求是教材更新的目标	

布朗的这份清单是从零起步的，也就是说，教材编写的第一步实际上是课程设计的第一步。为什么要这么说呢？从理论上说，课程开发的步骤应该是课程设计、需求分析、大纲编写，然后才是教材编写。但在实际操作过程中，教材编写前的几个步骤要么没有进行，要么执行的质量欠缺，所以在教材编写时，还需要针对教材的编写，把这几个步骤再认真仔细地执行一遍。虽然这样做的工作量是巨大的，但它所带来的质量保证也将是强有力的。这就是将这份清单命名为"零起步清单"的原因。

3. 国内教材编写计划

国内的专门用途英语教材编写，与理查兹和布朗的计划有所不同。在布朗提到的教材编写前的课程设计、需求分析、大纲编写阶段，国内的教师面临的困难较大，需要投入的时间和精力较多，因为这些步骤基本上都由教师自己完成，不容易找到有力的帮手。但教材真正进入到编写、试用、评估阶段，由于有出版社的协助，加之这时教材已具备雏形，能够引起相关领导的重视，反而容易得到更多的协助。如多媒体内容的设计、专业内容方面的评估等，都会有相应的人员负责。所以，针对这种情况，在编制教材计划时，前期步骤应当尽量详细，后期人员安排和职责分配要明确。

在这一编写计划中，团队组建时一定要注意到分工。由于专门用途英语教材涉及专业知识和英语知识两个方面的内容，所以团队中应当有一定比例的专业课教师。统一编写理念也很重要，在编写开始前，大家的理念往往不一致，应当充分展开讨论，并依据需求分析和课程大纲的要求，将编写理念统一起来。时间表的制订应当具有一定的弹性，并规定任务完成的时间，如初稿、专家审稿、修订、试用等。这些过程由于受到各种因素的影响较大，有些过程可能重复多次，所以时间不能规定得过于刻板。

（三）教材编写步骤

1. 确立编写目标

编写目标是教材编写的指南针，所有编写要素都是为了实现这一目标服务的，所以编写教材时，首先要解决这一问题。确立编写目标时，需要考虑的因素如下：

第一，教学大纲的教学目标。从理论上说，这一目标应当是教材编写的目标。对于大范围使用的统编教材来说更是如此。各学校开设的专门用途英语课程，如果经过了严格的课程设计程序，也应当有课堂教学大纲，其中的教学目标也是本校专门用途英语教材编写的目标。在实际操作中，不同的教材编写者可能根据具体情况对大纲中的教学目标进行微调，此时就需要再综合考虑其他因素。

第二，学生的情况。例如，学生的英语水平、专业知识水平，学生的层次（即学生是本科生、研究生还是在职参与培训的人员），这些都必须加以考虑。如果条件允许，还应当了解学生的学习风格和策略偏好，以便更有针对性地编写教材。

第三，教师的情况。教师是英语教师还是专业课教师，对教材的内容选择、教师用书编写都有极大的影响。虽然在理想状态下的教师应当是英语和专业兼备的教师，正如目前众多专门用途英语教材所需要的那样，但现实是专门用途英语教师往往一方面的能力较强，而另一方面的能力较弱，这是一个无法回避的现实。与其给教师一本其无法驾驭的教材，不如给教师一本某方面知识稍弱但其完全能驾驭的教材，这样才有可能调动其授课积极性，从而发挥自己的长处，提高教学效果。此外，编写教材组建团队还要综合考虑教师的年龄、研究方向、教学风格等内容，以便教材能更好地发挥作用。

第四，教学环境。教学的硬件环境直接影响着教学的开展。如果教材涉及各种多媒体课件内容，而教室并无多媒体设备，那么这些内容可能白白浪费。所以，了解教学的硬件设施对设计教学模式是非常重要的。此外，教学的软环境也很重要，学校领导的支持、教学管理的到位等，都会影响教学目标的实现。好的教学环境可以设立较高的教学目标；而面对较差的教学环境，要求自然不能太高。

2. 确立编写理念

教材的编写理念主要来自两个方面：一是怎样看待教材在教学中的作用，二是怎样看待语言学习。本章第一节已经从宏观的角度讨论了教材的作用。但对于教材编写理念，则要从微观角度更具体地讨论教材在教学中发挥的实质性作用。要考虑的具体问题如下：

（1）教材应该是怎样的知识库？

教材仅仅是语言范本库，还是语言学习的文本载体呢？如果是语言范本库，则应当更多地展示各种语言用法，如果是学习的载体，则应当考虑怎样的内容才能提高学习的效率。

（2）教材是用来教的，还是用来激励学生学习的？

如果认为教材只是教师用来授课的文本，则没有考虑学生的因素，可能更多考虑的是教师的需求。而如果把教材看成激励学生学习的工具，则意味着一本内容丰富但对学生而言晦涩难懂的教材，可能不如一本内容稍简单但有趣的教材更能达到预期的效果。

（3）教材是教学过程的引导者，还是辅助者？

对于新手教师而言，教材是教学过程的引导者，就意味着教师将根据教材的设计开展教学，通过教材学会课堂教学的基本法则，那么教材中应该有一定的教学设计内容。但对于熟手教师来说，教材则有可能只是教学过程的辅助者。倘若如此，那么教学设计的成分在教材中就不必过多，因为教师已经有了丰富的教学知识，完全能掌控整个教学过程。

怎样看待语言学习的问题，在教学大纲语言内容的组织方式中有所涉及。例如，语法结构大纲、功能意念大纲、情景大纲、以话题或内容为基础的大纲、以技能为基础的大纲、以任务为基础的大纲、以语篇为基础的大纲等。采用何种大纲为指导编写教材，则意味着接受了何种语言学习理念。

3. 确定编写体例

一是确定每个单元或模块的主题。主题的确定体现了编者所持有的编写理念。比如以任务教学理念来设计教材，其主题很可能按照专业任务的目标需求进行选择；而如果以语法结构理念设计的教材，则其主题很可能按语言的语法结构来安排；而按语篇为基础的理念来设计，则可能按专业任务中出现的语篇类型分类。所以不同的理念支配着不同的主题。

二是考虑以何种结构组织教材。无论是采用单元形式还是模块形式，都需要考虑其中的具体结构。在进行这部分设计时，可以再重新审视一下编写目标和编写理念，同时参考已有的同类教材的组织结构，并考虑实际教学中可能出现的限制性因素。在综合考虑这些因素之后，才能作出最后的决定。对于把教材视为教学过程重要引导者的教材编写者来说，这部分的设计非常关键，因为它将成为教师进行教学的主要依靠，并对教师的教学理念产生潜移默化的影响。

三是编写体例设计。编写体例的设计与课后练习的设计不同。课后练习通常是根据所学的文章，展开一些有针对性的听、说、读、写、译的专项练习。其目的比较单一，内容多是练习题形式。而编写体例包含的内容则复杂得多，需要确定文章与各种形式练习的比例，文章的处理方式，以及注释、练习、活动、补充材料等各部分内容的具体形式、出现顺序和比例等。因此，体例设计是一个完整的教学过程设计，其目的是通过这一系列的教学过程的实施达到期望的教学效果。

4. 挑选材料

选材是教材编写中十分关键又最耗时间的一项步骤，同时也是教材编写者最为重视的一项工作。许多学者对于如何选材都提出了自己的看法。好的材料应能够；激发学生的兴趣；引出能促进学生思考的活动；使学生有机会练习已学过的知识和技能；学生和教师都能够驾驭。汤姆林森（Tomlinson）[①]提出了优秀教材的几项品质：

①教材应该能产生影响力。

②教材应该让学习者感到轻松。

③教材应该帮助学习者提升自信。

④教材应满足学习者的需求。

⑤教材应该要求和促进学习者的自我投入。

⑥学习者必须做好准备去学习教材的知识点。

⑦教材应该让学习者接触真实的语言。

⑧学习者的注意力应该被吸引到输入语言的特点上。

⑨教材应该给学习者提供使用目标语言达到交际目标的机会。

⑩教材应该考虑语言学习的延迟效应。

⑪教材应该考虑到学习者有不同的学习风格。

⑫教材应该考虑到学习者在情感态度和动机上的差异。

⑬教材应该允许在教学指导初期的沉默期存在。

⑭教材应该鼓励学习者智力、审美和情感的投入，刺激左右脑的活动，最大限度地激发学习者的潜力。

⑮教材应该不过分依赖受控制的操练。

⑯教材应该为学习成果的反馈提供机会。

⑰教材应向学习者介绍学习方法和解决问题的方法。

⑱教材应提供多种途径来"刺激"学习。

⑲教材应体现以学习者为中心的原则。

⑳教材应帮助教师组织好教学过程。

在这些特点中，有两个特征为多数学者所公认：一是教材应该与学习者相关，应被学习者认为是有用的，这样他们才会有兴趣来学习。二是教材应该为学习者提供使用目标语完成交际任务的机会，也就是材料应能触发有意义的交际活动这类作用。此外，还有两个特征容易被教材编写者忽视：一是教材应允许教学初期

---

① Tomlinson. Mate risks Pevelopment in language Teaching.

的沉默期的存在，也就是说在刚开始使用教材时，由于教师和学生对教材的体例、内容并不熟悉，还无法达到轻松理解、完全驾驭的程度，所以教材的设计应当在开始部分有更多的指导性内容。二是教材应能刺激学习者的左右脑共同参与活动，同时能激发学习者在智力、审美、情感的投入，从而最大化地发掘学习者学习的潜力。这就对材料的表现形式、内容和可激发的活动都提出了较高的要求。在没有多媒体的时代，这一要求较难实现，而如今，只要教材编者能认真考虑这一问题，仔细设计，达到这一目标并非难事。

部分学者提到了教材真实性的问题，认为教材应该让学生接触到真实运用的语言，而不是真实的语篇，这表明教育者应该重视的并不是教材本身，而是教材的应用。

关于专门用途英语教材中是否应该使用真实语篇的争议由来已久。在专门用途英语发展的早期，没有关于真实语篇的争论。人们沿用着一般英语教材的编写模式。将真实语篇简化，以凸显需要关注的语言内容。

要解决两派之争，首先必须清楚语篇的"真实"意味着什么。任何的文章都是作者对假想的读者发出的信息。即使在编者对文章进行改编时，他也在对假想读者在阅读中会使用的知识作出判断。所以，任何文章在它创造的语境中，都是绝对真实的语篇。因此，探讨文章本身是否"真实"是没有意义的。而是要将文章看作教学工具，探讨其在教学中的作用。只有提升学习效率的"应用"才是有价值的，所以应该让学生尽量接触到语言的"真实运用"。

5. 设计教师用书

对于现阶段国内的专门用途英语教学来说，教师用书十分重要。因为专业英语娴熟，专业学科知识过硬的专门用途英语教师目前还是凤毛麟角。大部分教师在讲授专门用途英语课程时，仍会比较倚重教师用书去获取一些自己欠缺的知识。专门用途英语的教师用书应该完成以下任务：

① Setting out the guiding principles of the course.
确定课程的指导原则。

② Stating the aims and objectives of the course.
陈述课程宗旨和目标。

③ Describing the basis for these selection and grading of the language content.

描述语言内容挑选和分级的原则。

④ Explaining the rationale for the methodology used.

解释教学方法使用的原理。

⑤ Giving an over view of the way the course is constructed, and of how the different parts relate to one another.

对课程建构方式和各部分内容间的联系进行总体概括。

⑥ Providing practical guidance on how to use the material.

提供教材使用的具体指导。

⑦ Giving linguistic information necessary for effective use of the material in class.

提供教材课堂必需使用的语言内容信息。

⑧ Providing background cultural information where this is necessary in order to understand the contexts being used in the material.

提供理解教材语境必须的背景文化信息。

⑨ Promoting better understanding of the principles and practice of language teaching in general, and helping to develop teaching skills.

促进教师对语言教学的总体原则和实践的理解，帮助教师提升教学技巧。

专门用途英语教师用书应包含以下内容：

第一，专业学科背景知识。这对于英语教师使用的专门用途英语教材尤其重要。因为英语教师并不一定完全了解专业术语、事件的历史背景、专业的学科知识。所以教师用书在这方面的补充，将发挥重要的作用。对这方面知识的补充，既可以用书面材料或电子材料的方式呈现，也可以用资源地图的方式呈现，即标明相关材料的有效链接。资源地图的好处在于它不受版面的限制，给教师自我拓展提供了更好的空间。

第二，教学模式推荐。对于教材的编写理念和使用策略，只有编写者自己最为清楚。而在编写每一本教材时，都会有某种被认可的教学理念、教学模式引导着教师组织材料。在教师用书中，应当将这一理念和模式明确地告知教师，同时教会他们理解和使用，这样才能达到教材编写时的预期效果。对于专业学科的教师来说，这部分内容尤为重要，这是他们熟悉英语教学法的入门钥匙。

第三，重点、难点解释。教师用书中对核心的重点内容，应有详细多样的操练建议、方法建议，帮助教师提升授课效果。对于难点的内容，则重在解释和理解，提供相应的补充材料，将难点化解。

第四，文章的翻译和练习答案。这是普通教师用书中所占比例最大的部分，这部分内容的作用主要是减轻教师对教材理解的负担。但仅靠这些，并不能帮助教师提升教学效果，促进其在学科知识和教学水平上的提高，因为它根本上未涉及教学理念塑造和学科知识拓展。所以，仅有这些内容的教师用书，并不是真正意义上的教师用书，只能算是教材辅导书。

二、专门用途英语教学大纲

（一）教学大纲的意义

大纲是对具体教学目标、教学内容及教学方法进行表述和规定的文件。它包括语法结构、功能、意念、主题、情境活动和任务。对语言本质，学生的需求和对学习本质的理解决定了教师将使用大纲里的哪些要素。

大纲的意义有如：其一，由于大纲是对语言知识各组成部分的界定，所以它为教学评价的分类、教科书使用情况和学习时间提供了基础；其二，大纲使得语言学习变得具有可操作性，所以无形中为教师和学生提供了支持；其三，有了大纲，教师和学生就能明确目标以及如何达到目标；其四，大纲不仅能使教师和学生明确该学习的内容，还能使其明确学习的目的；其五，大纲提供了材料选择和撰写的一系列标准，如文本内容、练习项目等，这对课程设计相当重要；其六，有了大纲，各项教学活动就有了标准可循，形成统一性；其七，大纲为各阶段的教学成果提供了检测的可视基础。

（二）教学大纲的分类

按照发布的机构和执行的范围，教学大纲可以分为国家级别的课程教学要求、校本大纲和课堂教学大纲三个层次。三种大纲的作用不同，内容也存在差异。

1. 国家级别的课程教学要求

课程要求一般不涉及具体的教学内容，其重点放在对教学目标的描述、对教学理念的建议方面。授予教师在教材选择、教学内容、教学方式、课时安排等方面充分的自主权。课程要求一般由教育行政主管部门以文件的形式下发，表明其权威地位，也带有强制性特征，是基于国家的人才需求远景制定的。其主要作用是对教学质量进行规范，对教学理念进行引导，并不能成为授课教师直接依赖的计划式教学大纲。

2. 校本大纲

校本大纲是指由学校制定的，对某门课程或某一系列课程的教学目标、教学理念、教学内容、教材选择、评估等方面作出规定的纲领性文件。如果这些课程已经有国家级教学要求，则校本大纲要另行制定。因为教师或教研组可以直接依据国家的教学要求设计自己的课堂教学大纲。

目前我国的专门用途英语教学不存在国家级的教学要求，因为各校开设的专门用途英语课程类别差异很大，而且专门用途英语研究本身并没有给出可以统一不同类别专门用途英语的语言共核内容和统一的教学模式。所以各校依据本校的课程设置编写的校本大纲，就成为保证校级专门用途英语课程规范性和质量稳定的纲领性文件。

每所高校都可能开设多门专门用途英语课程，这些课程的教师来自不同的院系，有不同的专业背景。如果让教师自己制定各自的教学大纲，由于缺乏大纲设计的教育学理论，缺乏足够的可以进行调研的资源，很难拿出高质量的大纲。而缺乏大纲指导的教学充满了随意性，有可能是基于感性认识而进行的，其质量可想而知，所以校本大纲对于专门用途英语课程极其重要。由学校统一制定校本大纲的优势在于可以组织足够的人力物力进行调研，可以聘请英语语言专家、教育专家、学科专家共同合作，从而保证大纲的质量，保证大纲指导教学作用的充分发挥。

校本大纲的作用主要体现为以下方面：规范教学质量；为教师在内容把握、教材选择、教学方式、评估手段各方面提供指导；为学生了解课程目标、熟悉该门课程提供帮助；为教学管理部门对教学质量进行监控提供依据；有助于整体教学质量的提升和新兴教学理念的推广。

校本大纲的主要内容如下：一是具体的教学目标，这些目标应是可测或可观察到的；二是较为具体的教学内容规定，这些教学内容是核心内容；三是具体的教学指导，使教师和学生树立正确的教学观和学习观；四是教材选择标准，甚至可列出备选的教材目录，有利于教师选用和编写合适的教材；五是教学模式建议，使不熟悉该门课程教学的教师能较为迅速地掌握基本的教学方法；六是教学效果评估模式，提供各种教学评估方式。

3. 课堂教学大纲

课堂教学大纲，通俗地说，就是教师的详细教学计划，是教师在深入解读国家级教学要求或校本大纲后，根据自己的能力、具体的教学环境、学生的需求制订的课堂教学实践版大纲。这一层面的大纲应该细化到每个单元或每个模块，具体内容包括每单元的教学目标和教学内容（指出重点和难点）、每单元的教学方式、每单元的作业形式、课程考核方式、教材安排、对学生的要求等。它是教师在整个教学过程中依赖的纲要，也是教师对高层次大纲理解的文本化体现。

（三）教学大纲要素

由于专门用途英语课程涉及的学科多种多样，教学大纲的层次和服务对象也不尽相同，所以构成教学大纲的要素也会有所差异。下面论述的这些要素主要针对课堂层面的专门用途英语教学大纲。它与普通英语教学大纲有较大的相似性，但在教学内容和教学评估方面有所差异。

1. 教学性质

对教学性质的描述涉及三个方面：

一是课程的授课对象。例如，授课对象是本科生还是研究生，是面向所有专业的学生还是面向某一专业的学生。

二是该门课程是必修课还是选修课。这通常由该课程在整个学科教学体系中的地位和学科特征决定。如果该课程在所属课程体系中处于重要位置，它的开设将直接影响学生对整个学科体系核心知识的系统把握，那么该门课程无疑是必修课。而如果该门课程只是对整个课程体系知识的拓展或深入，那么就具有选修课性质。从此角度来看，专门用途英语课程课程的性质由学生的专业来决定。例如，目前多数高校开设的专门用途英语课程，是为已经通过四级考试的学生准备的。这些课程涉及的专业门类众多，允许学生自由选课，这样学生很可能挑选到自己感兴趣而与目前所学专业无关的课程，所以这样的课程自然就是选修课性质。但是各个系专门为学生开设的、与专业密切相关的专门用途英语课程，则是必修课性质，因为这类课程很可能是以后双语专业课程的先导课程。

三十课程的理论基础和实践应用范围。专门用途英语课程在回答这一问题时，应同时考虑英语语言文化知识和专业知识两方面的内容。例如，为本科生开设的广告英语选修课，可作如下描述：广告英语是以专门用途英语语言和教学理论，以跨文化交际理论和基础广告专业知识为依托，综合提升学生对涉及广告领域的英语交际能力、英语信息获取能力和英语传播能力的课程。

2. 教学目标

教学目标是指课程设计者希望学生在学习这门课程时达到的理想状态的英语水平。教学目标的设立一定要具体，具备可测性、可观察性。因为教学目标是指导教师教学的指南针。每位教师的教学内容和方式可能各有差异，但他们努力的方向是一致的，这个方向就是教学目标指引的方向，所以目标一定要具体，要让师生清楚地读懂。而教学目标同时也是制定教学评估标准的依据，所以必须具有可测性和可观察性，这样教师才能发现教学中的差距，学生才能体会到进步的喜悦。

教学目标是需求分析的结果。在将教学目标作为评估尺度时，应当注意到，无论何种教学目标，从理论意义上说都是理想状态的目标。因为每个课堂、每天的课堂都是不一样的，充满了各种变数。一个事先拟订的教学目标，永远不可能完全符合一门课程最终实际达到的目标，所以教学目标的实践意义更大程度上指南针的作用。

3. 教学内容

专门用途英语课程的教学内容主要涵盖三个方面：英语语言知识、专业学科知识和文化知识。英语语言知识主要包括与专门用途英语相关的英语词汇、语法和技能。专业学科知识包括专业基础理论知识和专业实践知识。文化知识包括跨文化交际知识和专业文化交际知识。下面就这3个方面的内容分别加以说明：

（1）英语语言和技能

英语教育界多年来对这部分内容进行了深入的研究，对语言技能的分类和组织方式进行了积极的探索，形成了各种不同的语言大纲模式，如语法结构大纲、情景大纲、功能意念大纲、任务型大纲等。大纲设计者可以依据教学目标和授课对象的特点，从中选择适合教学情境的大纲组织形式、进行语言内容的组织。例如，对于导游英语的语言教学内容，选择情景大纲就较为合适。因为导游的工作情景较为有限,而且特征分明、容易分辨,通常包括机场、车站、旅馆、大巴、景点等场景。在这些场景中均有较为典型的话题,如在机场告知"出发前的注意事项""登机手续办理""出关""入关""安检"等。

在任务型大纲设计中,每项任务都需要多种技巧的配合,如果对每个技巧都加以练习是不现实的,所以应列出主要关键技巧。例如,针对希望出国留学广告专业的学生开设的广告专业学术英语的语言技能内容(见表2-3-2)。这种通过有限的任务分解,获取技能、技巧训练内容的方法,非常适合任务量有限而技能运用复杂的情况。

表2-3-2　广告专业学术英语教学大纲——语言内容部分示例

任务	活动	技能	技巧
听讲座型课	记笔记、提问、回答问题	听力、口语	用关键词和符号记录听力材料的主要内容,用简洁话语复述听到的内容,用准确简洁的话语表达想法
参加讨论型课	与同学交流、做报告、请教老师	口语、听力	当不理解对方话语意思时的沟通、澄清方式,话语的转述和重述方式,对观点和论据的阐述
论文写作	上网收集资料,去图书馆收集资料,去公司或其他地方做调查,请教老师,与同学讨论,阅读资料,写文献综述,写论文	阅读、口语、听力、写作	略读和速览的方法,访谈的听说技巧,抓取中心思想的方法,概要写作,论文写作
参加国际会议	发言、交流	听力、口语、阅读	对主要观点和论据的简洁陈述,在听力材料中抓住核心观点的方法
科研课题申请	阅读文献,写文献综述,写课题申请	阅读、写作	快速阅读,概要写作,课题申请写作

(2)专业学科知识

在学习专门用途英语时,语言技能是学生完成任务的工具,而学科知识则是这些工具要应用到的内容。比如,如果学生想提高听力理解能力,就需要使用专业的听力材料,如演讲讲座内容,或者国际会议的主题发言。也就是说,操练的内容是专业领域的,但是我们使用的技能是按照语言技能分类的。那么,我们应该选择哪些专业领域的内容来进行操练呢？这取决于三个因素：任务发生的场合、任务发生时最可能接触到的材料，以及学科的知识结构特点。如广告专业的知识分为广告理论、广告实务、广告史、广告传播板块。听讲座主要发生在教室，学生最可能接触的材料是教科书或一些经典的论著，理论色彩较强。最佳的专业学科知识选择是广告理论，因为它以讲座课形式出现的概率最高。同时，不同的任务应尽量搭配不同的知识块，以保证所有的知识块都出现在学生的学习材料中，这样对于各知识块的术语都有所涉及，能较大程度地覆盖各知识块的术语和体裁。依据这个思路，我们可以列出广告英语专业知识部分的内容（见表2-3-3）。

表2-3-3 广告专业学术英语教学大纲——专业知识部分示例

任务	材料类型	材料内容
听讲座	讲座的音像材料	广告理论、广告传播
参加讨论课	影视材料、讨论的音像材料	广告实务、广告史
论文写作	期刊论文、网络文章、学术专著、优秀学生论文	广告理论、广告传播、广告史
参加国际会议	国际会议音像资料、国际会议论文集	广告理论、广告传播、广告史
科研课题申请	课题申请书、课题结项报告、研究报告	广告理论、广告史

（3）文化知识

文化知识的两部分：日常生活和交往中的跨文化交际知识，以及专业交往中的跨文化知识。可以根据学生的目标需求，分解出比较重要的场合、出现频率较高的场合进行练习。例如，对于出国留学的学生，可能遇到的日常交际场合有机场、银行、教务处、图书馆、住房管理处、财务处、房东、社团活动、餐厅、公交车、地铁、出租车、酒吧、教堂、娱乐、购物等。在专门用途英语课程中，可以教授这些场合的交际有哪些方面与国内不同，通过讲解或音像材料，使学生切实体会到其中的差异。在文化知识的讲解中，需注意讲解重点是文化知识，而不是讲解在这些场合的语言。如果将注意力放在这些场合的语言表达上，则会事倍功半，因为语言表达千变万化、无法穷尽，教师教给学生的表达，未必会出现在真实的交际场合。只有教会学生这些场合的交际文化，才能帮助学生举一反三、事半功倍。例如，去教务处经常办什么手续、应该怎么办；去图书馆怎样借书、有哪些方面与国内不同；教堂、酒吧经常举办什么活动、有什么话题。这些文化知识的介绍，能有效地增加学生在这些场合交际时的背景知识，帮助他们顺利地完成交际任务。

专业交往中的文化知识，通常可以根据需完成的语言任务来确定，如广告英语的专业交际文化（见表2-3-4）。对这些专业交际文化的把握，能帮助学生顺利地融入专业课堂或会议，帮助他们结识更多的专业人士。

表2-3-4 广告专业学术英语教学大纲——专业交际文化部分示例

任务	专业文化知识
听讲座型课	怎样提问，自己想提问时怎样打断教师讲话，怎样回答问题
参加讨论型课	怎样发言，怎样打断别人的谈话，怎样与人展开辩论
论文写作	怎样进行调查和访谈，怎样与编辑建立联系
参加国际会议	国际会议的流程，怎样提问，怎样与其他代表交流，怎样利用酒会、冷餐会、茶歇等场景与其他学者建立联系
科研课题申请	怎样与导师或其他学者进行书面和口头的沟通

4. 教学原则

以下是对专门用途英语有指导意义的一些教学原则：

一是目的原则。培养学生的语言交际的能力。

二是循序渐进的原则。学习专门用途英语不是一蹴而就的过程，需要不断地强化训练。这个过程可以分为理解、识记、复习、活用和交际五个阶段。在设计教学步骤、选择教学方法、处理教材和组织活动时，必须遵循这个原则。

三是积极思维的原则。可视语言活动是指通过大脑支配下的发音器官和四肢的活动来表达语言的行为，而语言加工活动则是指把信息组成有一定意义的知识网的行为。但是对于学习专门用途英语来说，语言加工活动才是最重要的。如果语言活动没有涉及知识网，没有实现有效的交际，那么可视语言活动就没有什么意义了。

四是自成系统的原则。语言是人类思维中最基本的工具，在学习专门用途英语的过程中,学生需要通过学习英语语言、专业知识和思考问题,将这些信息存入大脑。现代心理学认为,学习是一个信息输入—存储—编码—提取的过程。学生需要对所学的信息进行分析比较、分类整理,搭建起自己的一个知识系统,才能够真正理解和掌握所学的知识,并且在交际中灵活运用。

五是多样性、趣味性原则。学习就像做饭,需要适当加入调味料,才能让味道更好。在学习的过程中,多样性和趣味性就是这些调味料,可以让学习变得更加有趣。教学多样性包括以下内容:不同媒体形式的使用,如课文、录音等;不同角色的扮演,如陈述者、采访者等;不同技巧的训练,如听、说等;不同主题内容的涉及,如信息管理、金融等;不同文体的练习,如描写、说明等;不同焦点的关注,如准确度、语音语调等;不同练习形式和教学活动的设计。这些多样性的应用,可以避免单调重复,让学生更加专注。

六是整体性原则。要让学生学好一门语言,需要让其掌握三个方面的内容:语音、语法、词汇。这三个方面是相互关联的,没有哪个方面是孤立的。要提高交际能力,就要在这三个方面进行综合性的教学。听、说、读、写、译是学习语言的重要技巧和手段,也是提高语言能力的具体方法,需要进行综合训练。在教学过程中,听、说、读、写、译不仅是教学的目标,也是教学的手段。只有通过不断的训练和实践,才能提高学生的听、说、读、写、译能力。同时,语言教学也需要结合学生的整体素质来开展。

5. 教学模式

教学模式是为达到教学目标而采用的授课方式。它包括综合性的模式阐述,例如,任务型教学是利用任务对所需语料进行分类,并用任务为导引完成语言训练的一种教学方式。强调用语言完成任务,强调在做中学,使学生始终处于一种积极的、主动的学习心理状态。教学模式也应该针对具体的授课重点,提出具体的教学方法建议。例如,对于笔记的训练应采用操练法,选择合适的资料反复训练;而对于小组讨论的任务可以采用模拟讨论法;对于一般文化知识的教授可以采用讲授法等。

教学模式的制定取决于大纲制定者的教学理念。不同的教学观念会产生不同的教学模式,而大纲中的教学模式则会对教师产生较强的指导作用。

此外,在设计教学模式时,教师不仅要考虑先进的理念,借鉴各门学科积极的科研成果，还要考虑具体的教学情境，即师资水平、学生学习风格和习惯、专业课程的教学法等方面。其一，先进的教学理念固然可取，但如果教师目前的知识水平无法适应这些教学理念，就应当设立一个过渡期作为缓冲。比如，要求学生上网收集资料，并挑选出权威的材料，总结出有价值的观点。如果教师的网络信息素养不过关，不知道怎样鉴别网上资料的可信度；如果教师的专业知识有限，无法知道谁是专业权威人士、哪些是当今流行的专业观点、哪些已经被证明是错误的或过时的。那么这样的教学模式设计，即使有，也只能是纸上谈兵，无法有效实施。所以应当允许教师有一个选择，可以采用传统的教科书，也可以根据情况补充部分材料。其二，学生的学习风格和学习习惯也是重要的考虑因素。有些学生在中学时习惯的授课方式是传统的语法翻译法和句型操练法，所以他们的英语笔试成绩虽然都不差，但英语听说能力却亟待提高。这样的学生在进入大学时，面对交际法、任务法教学要求的大量听说练习，往往会不知所措，甚至产生抵触情绪。所以授课对象中如果有大量这样的学生，在教学模式设计时应考虑采用部分传统的教学方式，让他们逐渐适应。其三，专业课程的教学法。因为专门用途英语课程采用的材料内容都是专业课程的内容，所以教学内容自然也与之有千丝万缕的联系。如果把所有的专业材料都用语言教学的手法加以处理，将无法把语言技能和内容学习很好地融合，所以借鉴专业课的教学方法也是可取之选。例如，广告英语教学中，可以采用部分案例教学，因为在专业课程中它们经常被使用，这样的教学方式真实地模拟英语专业课堂，能让学生有更切身的体会。

（四）教学大纲语言内容的组织形式

在专门用途英语教学大纲的教学内容部分，英语语言内容的建构具有举足轻重的地位，它直接影响或制约着专业知识和文化知识的组织。所以选择一个符合目标需求的语言内容组织形式至关重要。随着英语语言学和教育心理学的发展，英语语言大纲的内容组织形式也在不断进化。历史上盛行过语法结构大纲、功能意念大纲、情景大纲，以及以内容为基础的大纲、以技能为基础的大纲、以任务为基础的大纲、以语篇为基础的大纲等多种大纲形式。这些大纲又被分为产品型大纲和过程型大纲两大类。产品型大纲把关注焦点放在学生最终获得的知识和技能上，如是否掌握了某些语法结构知识、功能意念知识等。过程型大纲关注的是达到目的的过程，将通向目标的过程分解为不同的子目标加以学习，分解为不同的活动加以操练。如任务型大纲就是典型的过程型大纲，将目标任务分解为完成任务所需的各种知识和技能，并要求学生学习和掌握。目前，随着教育技术的发展、学生英语水平的提升，单一的大纲组织形式已经不能满足教师教学的需要，教师往往以一种大纲形式为主干，同时穿插其他各种大纲形式，以满足目标需求。

1. 语法结构大纲

语法结构大纲通常以语法或结构项目为线索来组织内容。典型的语法结构大纲一般是为英语基础薄弱的初学者准备的。在设计语法结构大纲时，设计者要考虑以下几个问题：选择什么样的语法项目能满足需求；这些项目如何排序能使学生循序渐进地掌握这些规则；这些规则之间如何关联，以便学生在学习后面的规则时，能同时复习前面的规则；安排怎样的练习有助于学生对这些规则的把握。在专门用途英语课程的教学实践中，语法结构大纲往往需要与其他组织形式的大纲结合使用，因为专门用途英语课程的目的是让学生掌握能满足具体目标需求的英语知识和应用能力，单一的语法结构知识显然不能满足学生的要求，还需要与具体情境和话题相结合才能达到目的。

语法结构大纲的优势在于：第一，初学者通过逻辑性很强的语法条目进行学习，能够快速地进入语言学习的状态，迅速掌握一些简单的结构，完成基本的交际功能；第二，语法结构较适合担当大纲组织线索的角色，因为它作为分类标准的界限清晰，每个句子都可以归结为某种结构。具体的话题、情景和任务中的典型句子都可以归类为某种语法结构。所以掌握了这些语法结构，就可以在具体的情景中输出合格的句子。

语法结构大纲的缺陷在于：第一，它所关注的是语法和结构，而不是意义。这使得语言的学习趋向于公式化的学习，死套语法公式的结果可能导致语法正确但无法避免交际任务的中式英语的出现。第二，为满足目标需求而制定的语法项目及其排序很可能与语言的自然习得顺序不吻合，导致学生在学习这些语法知识时，由于缺乏先导知识而困难重重。第三，语法结构关注的是句子层面的问题，对超越句子的语篇层面的问题没有关注。而对于专门用途英语课程的学生来说，他们的问题往往集中在语篇层面，所以语法结构大纲对于已具备初级英语水平的学生来说帮助较少。第四，语法结构大纲是产品型大纲，仅罗列了语法结构项目，并没有说明如何运用这些知识，导致"高分低能""聋哑英语"的现象出现。就是说学生学会了这些知识,但没有受到运用这些知识的技能训练,知识也只能停留在纸上、停留在考试分数上。

2. 功能意念大纲

语言的功能是指用语言能完成的交际任务,如问候、请求、建议、抱怨等。意念则指人们头脑中存在的抽象的概念,这些抽象的概念可以用具象化的语言来描述,如时间、空间等。功能意念大纲,就是用功能和意念为线索,对语言内容进行组织。功能意念大纲的代表作是威尔金斯(D. A. Wilkins)于1976年编撰的《意念大纲》。功能意念大纲关注的是交际目的的达成、交际能力的培养,而不是语言规则的学习。其支撑理念是,语言学习的目的不是语言知识的积累,而是用语言完成交际任务。如果学生掌握了交际需要的各种功能和意念,他们就能成功地提高交际能力。所以功能意念大纲的编写起点是目标需求中的交际任务,终点是目标交际中需要的各种功能和意念项目。

功能意念大纲的优势在于:第一,它关注到了语言学习的目的是满足交际需求,所以比语法结构大纲进了一步。在不忽视语法和语境的情况下,又增加了交际功能元素,克服了语法结构大纲"聋哑英语"的问题。第二,它对功能和意念的关注,更直观地体现了语言的用途,使学生能切身感受到英语的使用语境,提高其学习兴趣。第三,它在听说教学领域的作用尤为显著,因为它的大纲形式为教师进行听说教学提供了很好的框架指导。

功能意念大纲的缺陷在于:第一,目标任务涉及的功能意念可能复杂多样,将所有的功能意念都拿来学习似乎无法实现,因此,挑选怎样的功能意念进行学习就成为难题。第二,对已经选中的功能意念如何分级排序也是个问题,目前还没有研究证明哪些功能意念应该先学、哪些应该后学,怎样才有利于这些功能意念的掌握。第三,在实际的交际任务中,仅仅掌握语言的功能意念知识是远远不够的。要成功地完成交际还需要许多其他的知识,如文化知识、与任务相关的专业知识、交际知识等。而纯粹的功能意念大纲并未涉及这些知识。第四,大纲在追求交际流利性的同时,往往忽略了表达的准确性。表达的准确性主要受制于语言的形式,而表达的流利性则由语言的功能所决定,形式和功能之间并不存在一一对应的关系,所以流利性和准确性的矛盾在强调交际功能的大纲中始终无法克服。

3. 情景大纲

情景大纲是按照语言交际发生时的情境来组织语言内容，如按机场、酒店、景点为旅游英语组织大纲。在专门用途英语课程中，这种大纲对某些领域的语言组织非常实用，尤其是针对职业用途英语的课程，因为这些课程涉及的工作场所往往比较固定，在这些工作场所开展的活动程序化特征明显，一些典型话语会频繁出现。在这种情况下，采用情景大纲针对性强、效率较高。

设计情景大纲时需考虑以下因素：具体情景的特征，及其对参与者的语言交际产生的影响；参与者的特征，即他们在交际活动中所扮演的角色；在该情景下产生的交际活动类型；每一类交际活动需要的语言知识和技能；这些交际活动产生的口语和书面语篇的类型；这些语篇类型的语言特点和技能特征。就情景大纲而言，其起点是目标需求发生的情景，而终点还是会落实到语言的知识和技能上。

情景大纲的优势在于：第一，语言不再被孤立地加以学习，而是放在具体的语境中呈现给学生，让他们在语境中理解和学习语言，从而使语言学习更为生动，也更为准确。第二，语言学习与交际情景的联合呈现方式，使学生能较迅速地掌握在特定语境下的表达，提高学习效率。第三，情景大纲实用性的特点，让学生能明显感受到学习的进步，从而增强学习的信心和动力。

情景大纲的缺陷在于：第一，如果教师自身未亲自参与需求调查，未经历现场观察目标情景中发生的交际，则很难准确、有效地提取目标情景中与语言交际相关的元素，因而也无法编写出合格的情景大纲。第二，要在课堂上真实地再现情景中所有的重要元素非常困难。即使简单的场景，如机场接客人，由于没有真实客人的存在，也无法再现真正的交际活动。例如，真实的客人可能对机场和目的地以及该国的文化一无所知，会问出各种稀奇古怪的问题，产生各种难以理解的困惑。而在教室模拟时这种情况则不会发生，因为学生和教师都有相同的文化背景知识。所以，在大纲设计时如何将这些因素也加以考虑，考验着大纲编写者的智慧和阅历。第三，仅靠情景大纲学习的语言，其局限性非常明显。尤其是那些发生在典型情景中的典型语言，由于缺乏普适性，换个情景便无法使用，所以其使用弹性极低。第四，缺乏系统性。情景间是没有逻辑关联的，只有语言形式才有逻辑的关联。在情景大纲中，学生接触了不同情景出现的各种语言形式，但他们不会自动地把这些语言形式进行有序的归纳，因而他们获得的语言形式知识在头脑中是无序排列的,这将减弱他们对这些语言知识的长期记忆。

4.以话题或内容为基础的大纲

在语法结构大纲和功能意念大纲中,话题和内容是配角,其呈现形式必须服务于语法或功能项目。而在以话题和内容为基础的大纲中,它们则成了主角,是语法结构、功能意念展开的框架。内容大纲与情景大纲的区别在于大纲编写的起点不同。情景大纲是分析目标需求中可能出现的情景,再对这些情景进行解构。而内容大纲则是分析目标需求中都涉及哪些内容,再对这些内容进行解构。选用内容大纲的原因在于并不是所有的专门用途英语任务都会在固定的情景中发生,它们可能发生在不同的情景中,但话题或内容相似。

话题和内容大纲编写时应考虑以下内容:第一,目标需求中高频和重要的话题和内容特征。第二,这些话题和内容涉及的语言知识和技能。第三,开展这些话题和内容时应具备的背景知识和行为方式。掌握这些知识对话题的顺利开展发挥着关键的作用。第四,教授这些话题和内容所需资源的可获得性。由于内容大纲所需的资源可能多于其他形式的大纲,所以这些专业内容资料是否可以轻松地为师生所获得、是否有方便的数据库可供使用,都十分重要。

话题和内容大纲的优势在于:第一,使用了大量真实的语言材料,提高了学生与真实语料的接触率,从而使学生能够更自然、更直接地体会到语言在真实的语境中是怎样使用的,为学生展现了一个很真实的语言使用状态。第二,将各种技能以话题和内容为纽带整合在一起。情景大纲也有这一功能,但由于情景大纲适用的场合往往是口语使用较多的场合,所以对其他技能的整合作用不明显。话题和内容大纲则可以适用于较多的目标交际任务,所以它的整合功效更为显著。第三,将语言知识和学科专业知识有机结合。因为专门用途英语课程的语言只是其专业知识的载体,所以通过专业的内容来操练语言的技能正是内容大纲的核心所在。第四,话题和内容均来自学生的目标需求,这有利于调动他们学习的主观能动性。

话题和内容大纲的缺陷在于:第一,在专业的话题和内容学习中,怎样与语言的学习保持平衡是一个难题。专门用途英语课程应该以语言学习为主,但为了强调语言学习,就选用对学生来说没有挑战性的话题,显然无法调动学生的积极性。但如果选用了具有挑战性的话题,又怎样保证语言技能的操练和语言知识的学习呢？这需要大纲设计者巧妙地加以平衡。第二，大纲要求与专门用途英语教师能胜任的专业内容教学可能存在差距。专业性内容通常可以分为前沿的学科发展内容和基本概念性的学科内容两类。专门用途英语教师对于后者的把握往往强于前者，但学生的需求可能更倾向前者，所以对专门用途英语教师来说，这是个不小的挑战。第三，怎样对学生的学习进行评估也是个难题。究竟是评估其对专业内容的把握，还是评估其对语言知识和技能的把握？如果二者兼顾，是否意味着教师的教学也必须两者兼顾。这与侧重语言教学的专门用途英语课程宗旨形成矛盾。第四，话题和内容的分级排序难以实现，各话题和内容间的逻辑性并不清晰。

5. 以技能为基础的大纲

以技能为基础的大纲是指以听、说、读、写、译技能为主线，或以一些更细分的微技能为主线如听力中抓取关键词、记笔记、识别连读、失爆等来组织语言内容的大纲。采用以技能为主线的大纲，是因为有些专门用途英语任务会频繁使用某些固定的技能，这些技能的掌握，对于学生完成专门用途英语的任务至关重要。例如，对于要去好莱坞发展的演员来说，台词功夫是必不可少的，因此口语能力就非常关键，尤其是语音，对于语音中各种微技能的把握对他们来说都不可或缺。

在编写以技能为基础的大纲时，首先要分辨出目标技能有哪些，这些目标技能的重要性排序如何。其次，对这些目标技能进行细分，提取其中的微技能因素。最后，为这些微技能因素设计专项的练习，加以强化训练。

以技能为基础的大纲优势在于：第一，这些技能不仅适用于目标需求的情境，也可以移植到其他情境中使用，具有较强的普适性，从这个意义上说，技能型大纲造就了较高的学习效率。第二，技能可以较容易地界定、分级、排序，对于教材的编写者和教师来说，这是一个使用起来很方便的大纲。第三，以技能训练为中心的大纲内容的选择余地大。教师可以选择自己熟悉的内容，而回避那些暂时难以驾驭的专业内容，所以那些技能取向明显的专门用途英语课程，教师往往会采纳技能型大纲，毕竟英语教师更擅长教授语言型课程。

以技能为基础大纲的缺陷在于：第一，片面地关注某些技能的发展，而忽视了语言作为交际工具的整体知识和技能的把握，这将导致某些语言知识要求较高的技能，如记笔记、写摘要等，难以得到有效的提升。因为没有扎实的语言知识基础，仅仅对这些技能加以训练，是难以取得成效的。第二，为教师规避专门用途英语课程中的专业知识提供了工具。虽然专门用途英语教师要掌握前沿的专业知识并非易事，但具备专业知识素质是必不可少的。教师可以利用技能大纲作为专业知识提升期间的过渡，但绝不能依赖技能大纲，完全抛弃专业知识的更新。如果那样，便失去了专门用途英语课程的意义。

6. 以任务为基础的大纲

按照目标需求中需要完成的任务为主线来设计大纲，就是以任务为基础的大纲。在教授语言时，教师需要通过输入的信息进行加工和处理，从而能够产生有意义的输出。这个过程是教师教授第二语言的关键。因此，在制定教学大纲时，将任务作为核心，可以更接近现实生活的情境，从而更好地促进学生的语言学习。

任务一般有两种类型，一种是方法型任务，另一种是真实世界任务。

方法型任务旨在提高学习效率，帮助学生更快地学习语言，从而推进语言习得的进程。这些任务通常会激发学生的学习兴趣，并提供一种有效的学习方法。一是"jigsaw tasks"（拼图式任务）。这种任务让学生将不同的信息碎片组合成一个完整的信息整体，类似拼图游戏，可以将一个故事的几个段落顺序打乱，要求学生重新还原故事的本来结构。二是信息差任务。把不同的信息分发到不同的小组，这样小组间存在信息差，他们必须互相交流才能完成指定的任务。例如，将寻宝游戏中不同的线索告知不同的人，他们只有综合分析打探所有线索之后才能找到宝藏。三是问题解决型任务。要求学生回答一个问题，同时给他提供一系列相关信息。他必须利用这些信息找到解决问题的方法。四是决定型任务。要求学生解决一个问题，对于这个问题有许多可能的解决方式，他们必须通过讨论和协商选出最佳的方案。五是交流意见型任务。要求学生就某一事件进行讨论和意见交流，他们不需要达成一致结论。这些任务的目的都是进行语言训练，对于任务是否顺利完成并不重要。它们通常是真实任务中一些细分的过程，采用的任务内容材料也可以是多种多样的。

真实世界任务是专门用途英语课程常用的一种任务形式。它是模拟目标需求中发生的任务，要求学生能成功地完成这些任务，在完成任务的过程中使语言技能得到训练。在真实世界任务中，任务的主题是相对固定的，任务的目标也是明确的。例如，给新闻专业的学生布置一个街头采访外国人的任务，他们首先要进行意见交流，讨论采访的主题、形式、地点、时间等一系列相关事宜。并在这次讨论中明确各自的分工。当大家分头完成自己的工作后，还需要汇总情况，作出关于采访的一系列决定。在出去采访时，这些学生可能遇到各种难题，如被采访者不愿意接受采访或者不愿意接受视频采访等。面对这些困难，这些学生需要积极想办法解决。所以，当学生认真地完成真实任务时，他们不仅获得了方法型任务训练带来的各种语言上的收获，还锻炼了专业知识的运用能力、专业实践的操作能力，可谓一举多得。

任务型大纲的优势在于：第一，与真实世界相关的任务，能激发学生的学习兴趣，使他们积极地投入真实的交际活动。第二，学生在真实的交际活动中，锻炼自己的语言技能，习得某些语言知识。这种习得的知识比在课堂上学习到的知识，其记忆留存时间更长、实用性更强。第三，学生在完成真实世界任务的过程中，不仅锻炼了语言能力，也锻炼了专业实践能力、社会交往能力，其收效是多方面的。

任务型大纲的缺陷在于：第一，任务的设计程序难以标准化。大纲中往往只给出这些任务的主题，但如何分解这些任务主题、引导学生去完成，即任务设计的内容，则没有给出清晰的标准。这是因为每项任务涉及的环节、要求的条件、发生的情景可能都不相同，要用一个统一的标准进行规范相当困难。第二，难以对任务执行的过程进行有效监督。由于学生的任务执行过程很大部分是在课外完成的，所以教师怎样对这部分活动进行督促和监管是一个大问题。如果部分学生在任务执行过程中，完全处于缺位状态，那么任务型大纲就是失败的大纲。第三，无法对任务完成中的语言能力进行有效评估。如果以任务完成的效果来评判，在多数情况下，可能专业能力优秀的学生任务完成的效果好。而语言能力和水平怎样在任务的执行过程中加以评估，还是个难点。第四，虽然根据逻辑的推导，在任务的执行过程中，推动了有效的语言输入、加工和输出过程，对于语言习得十分有利，但在现实的课堂中这样的证据还不明确。有研究表明，真实世界的任务可能会提升学生在语言交际中的流利性，但对语言准确性的帮助有限。任务对于新的语言项目的习得、对各种技能的影响等，目前还没有充分的研究证据。

7. 以语篇为基础的大纲

以语篇为基础的大纲是指利用语篇分析或体裁分析为线索编写的大纲。这类大纲通常出现在以阅读或写作为主要技能训练目标的专门用途英语课程中。在编写大纲时，首先要考虑目标需求中的语篇类型，分析这些语篇产生的语境，然后对这些语篇类型进行典型案例的分析，设法构建同类型语篇的体裁模式。最后利用这些体裁模式去设计教学方法和专项练习。

语篇大纲的优势在于：第一，通过建立语篇结构模式，详细分析语篇的各个构成要素，对于学生利用语篇模式构建同类型语篇提供了极大帮助。同时，也有助于对同类型语篇迅速和准确的解读。第二，在语境中分析语篇的形式，将语篇和其发生的社会文化背景联系起来，有利于对语篇用途的理解和对语篇效应的分析。第三，关注涉及语篇发展的所有技能。大纲不仅给出了语篇模式，在建立或解构语篇模式时，也分析了语篇构成涉及的各种技能，并对这些技能进行了有针对性的训练设计。所以在语篇模式的学习过程中，各种语篇建构技能也得到了提升。

语篇大纲的缺陷在于：第一，该大纲关注的只是涉及语篇的技能，对于其他的技能和语言的整体水平提升没有明显的作用。第二，通过语篇建构模式学到的有限类型的语篇技能，无法迁移到其他的语篇或情景中使用，从而降低了语篇大纲的使用效率。第三，过分强调语篇模式化的结构，可能忽视了语言的多样性特征，导致学生思维的模式化、固定化，无法面对多样的、真实的语篇世界。

第三章 专门用途英语教学的理论分析

本章主要内容为专门用途英语教学理论分析,主要从三个方面进行阐述,分别是专门用途英语教学理论基础、专门用途英语教学需求分析、专门用途英语在教学中的地位。

第一节 专门用途英语教学的理论基础

一、语域理论

语域最早是由里德(T. B. Reid)在1956年研究双语现象时提出来的,在20世纪60年代对其进行了发展,而使语域真正成为人人皆知的概念的人当推韩礼德。在韩礼德功能语言学派内部,学者关心的并不是"语言是什么",而是"语言为什么是这样";不是"语言的意义是什么",而是"语言怎样实现意义的"。韩礼德强调在进行分析和解释语篇时要仔细研究语篇出现的语境,并指出对于亟待解决的问题,是何种情景因素决定了语言系统的何种选择。

语域这一概念源于这样的常识:人们在不同的场合使用不同的语言,语言随其功能而变、因其场合而异,选择与情景类型相适应的语言类型就是语域。语域存在着狭义和广义之分。狭义的语域和行话有关,即用于描述专门领域的术语构成了其语域,如物理学中的热力学(thermodynamics)、医学中的注射(injection)用语。广义来说,语域又是语言使用的一种社会体裁(social genre),在这个意义上语域有时被描述为社会方言(sociolect),如报纸文章和学术论文的语言。

语域理论是系统功能语言学的重要理论,它源于英国的"语境主义"思想。人类学家博洛尼斯拉夫·马林诺夫斯基(Bronislaw Malinowaki)提出了"语境"的思想,他认为语言的首要功能就是语用功能:语言是一种行为方式,因此语言应该被视为人类活动的一部分。话语的意义并不来自构成话语的词的意义,而是来自话语与其所发生的情景之间的关系,语境一旦改变,语言的意义也可能会随之改变。马林诺夫斯基区分了话语语境(context of utterance)、情景语境(context of situation)和文化语境(context of culture)。话语语境指的是语言内部的语境,被分析的词句前后出现的词语成句子,有的时候也称为"互文"(context);情景语境是指交际事件发生时参与者、参与者的社会地位、交际事件发生的时间和地点、交际的渠道和交际的内容,以及交际的正式程度等一系列因素。文化语境是指语言根植于其中的社会文化习俗,人类产出的话语只有在一定的文化语境中才能得以解释,文化语境是一个抽象的概念,它涉及很多方面,至少涉及某个文化类型中的观念形态和语篇类型。

受到马林诺夫斯基的影响,约翰·鲁伯特·弗斯(John Rupert Finth)进一步发展了语境理论。他认为,语言学研究的对象是实际使用中的语言。语言研究的方法是确定语言活动的组成部分,指出它们与所处环境中的人类活动之间的内在联系。他认为,意义是用途,因此把意义定义为各个层次上的成分与语境之间的关系,包括音素与其语音环境的关系、词语与句子中其他词语的关系、词的形态关系、句子所代表的句子类型以及句子与其所处情景的关系。弗斯对情景语境的定义包括整个话语的文化背景和参与者的个人历史,而不仅仅是人类活动当时进行的具体环境。同时,他又提出了"典型情景语境"的概念。社会情景语境决定了人们必须扮演的社会角色,由于人们遇到的典型情景语境是有限的,因此社会角色的总数也是有限的。因此,谈话更像一种大体上规定好的仪式,一旦有人向你说话,你就基本上处于一种规定好了的环境,你再也不能想说什么就说什么了[1]。尽管弗斯的学术思想在很多方面有深刻的见解,但是他并未形成一个连贯的理论框架,而对韩礼德而言,面临的任务是怎样用关于情景语境的观点建立一个能把语言中的范畴和它们之间的关系都解释清楚的语言学理论。[2]

到了20世纪60年代,在弗斯语境理论的影响下,其学生韩礼德建立并发展了系统功能理论,他突出强调了语言所行使的社会功能:语言是人类用于表达意

---

① 胡壮麟.教育科学版高中英语教材编写思路分析[J].基础教育课程,2006(5):39-41.

② 黄国文.英语动词词组复合体的功能语法分析[J].现代外语,2000(3):222-236;221.

义和交流思想的主要手段,并在一定的社会文化背景中发挥着它的功能。

在研究语言和社会系统的互动过程中,韩礼德发展了语域的概念,用以表明不同情境中的语言变体。语言情境的类别虽然各不相同,但概括起来,有三种类型:第一,有关语言究竟发生了什么;第二,有关语言究竟起何作用;第三,谁起作用。这三个方面共同发生作用时,就决定了选择语义的程度和表达语义的形式。换句话说,它们决定了"语域"。

1985年,韩礼德又进一步提出了语域的概念。语域被定义为一种意义构型,这种意义构型是由某一具体情境相关联的语场、语旨和语式的整体配置所决定的,必须伴随有实现上述意义的措辞、词汇语法和语音等特征。

在韩礼德的系统功能语法中,系统和功能是密不可分的概念。人们在用言语实现某一功能、表达某一意义时,必须在语言系统网络中作出选择。因此,选择就是意义。韩礼德认为,语言的不同层面具有不同的体现关系(见图3-1-1)。

文化语境 → 情景语境 → 意义 → 措辞 → 音系及拼写

图3-1-1 语言不同层面的体现关系

韩礼德认为,从广义上讲,语言受到文化语境的制约;从狭义上讲,语言又受到情景语境的制约。情景语境是话语发挥功能的最直接的环境,它说明的是在特定的情境下什么应该说、什么可以说,亦即说什么、怎么说受到一系列情景要素的制约。在不同的情境中,言语活动会呈现不同的特征,人们通常要根据具体的交际场合调整言语。

从上面的定义中我们可以看出,在任何一个情景语境中,都会有三个变量影响语言的使用,即语场、语旨和语式。语域就是根据用途所区分的语言变体形式。即使在同一行业内部,也可能出现不同情境、不同目的所要求的语言变体形式。如医生和医生之间的切磋与医患之间的对话是完全不同的。语域研究的最终目的是发现什么样的情景要素决定了什么样的语言特征。在韩礼德看来,语域就是语场、语旨、语式等情景要素决定的语义构型(configuration of meaning)。

(一)情景语境三要素

语域理论是系统功能语言学的核心理论之一,它探讨的是不同情景中语言使用的变体，语言随着语境的变化而变化。根据韩礼德的界定，语域指的是"语言的功能变体"（functional variety of language）。所谓功能变体，就是因情景语境的变化而产生的语言变化形式。情景语境指的是语言活动的直接环境，这个环境是由多种因素构成的。语境因素包含三个部分具体如下。

1. 语场

语场，即"话语范围"，指交际双方正在进行的社会交往活动及交际的特定目的，也就是主题事件。它构成了语系中的经验部分（experiential component），或者说用于揭示人们对世界的经验和看法的意义表达。

从功能语言学理论视角，语场包含三个基本要素：

第一，活动场所，指言语事件发生的环境，它是动态的，也是语境的重要因素，活动场所的正式程度是决定语域特定性的关键要素。

第二，参与者，尤其是他们的内在特征，如生理特征（种族和性别等）、智力特征（智商、认知水平和教育水平）以及背景知识（文化知识、情境知识和语篇知识）。

第三，语用区域，即特定交际事件的主题，它们在很大程度上是由"活动场所"和"参与者"预先决定的。

语场话题可能是技术性的或专业性的，也可能是非技术性的或日常使用的。技术性话语通常与特定的专业领域相关，如医生、工程师、会计、律师话语或者科学工作者的学术演讲、政治家谈论政治事件。通常技术性话语语言风格较为正式，而非技术性话语则指日常生活中的寒暄、闲谈、购物或私人信件等，话语的正式程度较低。技术语场和非技术语场有一定的区别。技术性语言会涉及日常用语、全名、标准句法等内容。许多的词汇项目可用来标识不同类型的语场。换句话说，某些词汇或话语可用以描述多个言语活动。例如，conductor 可用于物理和交通领域；period 可用于物理、化学、数学、天文和医学领域；reflection 可用于物理和社会生活领域；syndrome 可用于医学和社会情感方面。

2. 语旨

语旨，即"话语基调"，关心的是交际活动的参与者及其社会地位和角色关系。它可以通过下列成分得以解释：权力、情感投入及接触。权力展现的是参与者扮演的角色体现的是平等的权力还是不平等的权力；接触关心的是参与者扮演的角色体现的是频繁接触还是不频繁接触；情感投入指参与者扮演的角色体现的是高情感投入还是低情感投入。同时，参与者之间的关系还有正式和非正式之分。在非正式的情境中，权力是平等的，接触是频繁的、情感投入是高的；在正式情境中，存在着不平等的等级权力、不频繁的接触和较低的情感投入。

语旨的基本要素包括3个方面：

（1）话语的正式程度

如果环境是高度机构化的，正式程度就高一些，反之则低。美国语言学家马丁·朱斯（Martin Joos）曾将正式程度分成五个阶段，即冷淡的、正式的、客气的、随意的和亲密的。

（2）参与者的社会角色

（3）对人际功能和概念功能的关注度。

语旨可以分为个人语旨和功能语旨。无论是功能语旨还是个人语旨，它们都是意义关系的语义反映。

语言是交际双方人际关系的言语体现。个人语旨关系是语言使用的正式程度。我们每个人在社会中都承担着各自的社会角色，人与人之间的角色关系就是情景语境中的个人语旨。这种角色关系是变化的、复杂的。角色关系既包括永久性的，也包括暂时性的。一般说来，具有相对稳定社会关系的交际双方谈话的正式程度较低，而对于不熟悉或暂时建立的社会关系的双方来说正式程度较高。个人基调可以表征社会关系的亲密和疏远。

功能语旨表明的是话语的使用者运用语言实现哪些目的，或者说在某一特定的情境下语言使用的意图。功能语旨可能是教导性的，如父母教育孩子；可能是说明性的，如科学知识；可能是描写性的，如某人的长相；也可能是说服性的，如商业广告。功能基调不同，当然运用的语言策略也会有所不同。

3. 语式

语式，即"话语方式"，指交际的方式，或者说交际是如何展开的，它是一种语言载体形式，语言活动所采用的媒介或渠道，韩礼德最初对语式的定义为言语活动的媒介或方式，之后他将其定义为篇章的象征性组织（the symbolic organisation of the text）、篇章的地位（the status that the text has）以及篇章在语境中的功能（function of the text in the context），包括交际渠道。

语式可以是口头交际（如日常生活中的闲谈和口头讲述）、书面交际（如文章、书籍、报纸和文件）、口头书面交际（如政治演说）以及书面口头交际（如课堂听写练习）。口头交际具有互动性、面对面性、自发性和随意性等特征，而书面语言则不具备。

语式具有语用功能，并且是以任务为导向的。其中主位结构是研究的重点。"主位"是说话者讲话时心中确定的起点，是思维的起点，因而被称为"心理主语"。正常人的思维是靠就近联想而推演的。同时主位是联想的起点，是从句的开始点，所包含的信息通常是已知的，而述位是主位触发的联想，通常是新信息。在主位述位结构中，有一点值得强调，那就是主位总是在述位前面出现，这是主位的"起点"功能所决定的。通过对新旧信息的不同放置，语篇的逻辑更严密。除此之外，语式还关心各个语法项目之间的关系，如重复、搭配以及整个语篇的衔接问题。

语式和下列因素有关：

一是意义交流的计划性。计划性是由活动场所、言语事件的正式程度、语用区域、参与者和他们的角色，以及上文提到的对人际功能和概念功能的关注度等要素影响的。

二是反馈。反馈指人际的距离或者某一特定言语事件的参与者之间的距离。

三是语境化。指语篇嵌入语言活动的程度问题。

四是媒介。指语言产出的渠道，受到所有其他的语境因素及语场和语旨的影响。

韩礼德的语式概念涵盖了所提出的渠道、基调和体裁要素。渠道关心的是信息是通过何种方式传递的，如口头和书面等；基调关心的是信息的评价，即信息是好还是坏，给人的感觉是遗憾的还是印象深刻的；体裁关心的是信息的形式问题，是童话故事还是布道等。语式是互动交际中语言所扮演的角色。语式应该被看作两个并行的连续体，关心的是语言和情境的距离问题，即空间及人际距离和经验距离。空间及人际距离是根据互动交际者之间即时反馈的可能性将各种情境进行划分排列。反馈的相对距离可以通过随意交谈、电话、电子邮件、传真、收音机以及小说等形式展现。其中，对话则为即时反馈，电子邮件为快速反馈，普通信件为延迟反馈。经验距离是指根据语言与正在发生的社会事件之间的距离将各种情境进行划分，如玩游戏、评论、叙述经历以及构建经历。

语域其实主要是一个语义概念。作为语域的核心，意义是通过语场、语旨和语式三个维度实现的，当然三个变量如果不与特定的语境相联系，便是无效的（见图 3-1-2）。

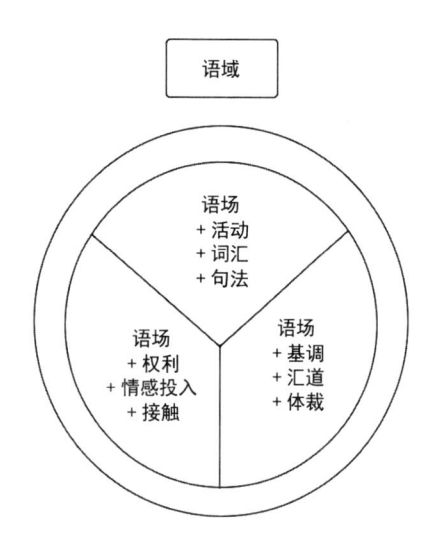

图 3-1-2　情景语境三要素与语境和意义的关系

（二）语境变量与语言纯理功能的关系

按照韩礼德的观点，话语范围、话语基调和话语方式分别制约着语言的概念功能、人际功能和语篇意义，或者说是一种实现关系。而这三种纯理功能又分别制约着说话者对语言的及物系统、语气系统和主位系统进行选择。

概念功能或者说概念意义就是指语言对讲话者的所见所闻、亲身经历、内在心理活动和间接地从经验中取得的抽象逻辑关系的表达。[1] 它在所有语言使用中都存在，是一种意义潜势，因为不论一个人如何使用语言，都必须参照自己有关世界的经验的范畴。概念功能主要由及物性和语音构成。及物性系统作为一个整体，是概念功能的一部分。它不仅标明了意义的选项，还决定了结构体现的本质，是表现概念功能的一个语义系统，包括物质过程、心理过程、关系过程、言语行为过程和存在过程。

---

[1] 张德禄. 论语域的预测能力 [J]. 外国语（上海外国语学院学报），1990（4）：19-24.

人际功能或者人际意义指语言对讲话者的身份、态度、动机及其与听话者之间的关系的表达[1]，包括表达社会和个人关系的所有语言使用，通过语气和情态来体现。语气由两部分构成：主语和限定成分。限定成分包括用来表示时态和情态的助动词和情态动词。韩礼德认为，尽管语言千变万化，但它最基本的任务只有两个：给予和求取。在人际交流中，交换物也可以分为两类：物品和信息。由此，言语角色和交换物的组合构成了四种主要的言语功能：提供、命令、陈述和提问。[2]

语篇功能或者语篇意义是指语言将概念意义和人际意义融合为连贯统一的整体。[3]语言功能是指语篇中有一种机制，可以将任何一段口头或书面的话语组织成连贯统一的篇章，使一个活的言语信息片段区别于一堆随机排列的句子。[4]语篇功能是由主位系统和信息结构得以体现的（见图3-1-3）。

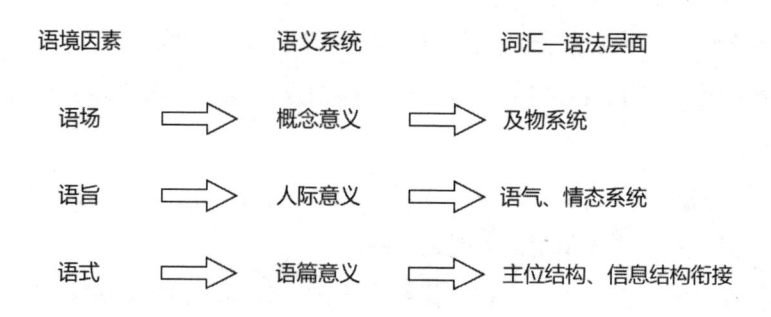

语境因素	语义系统	词汇—语法层面
语场 ⇒	概念意义 ⇒	及物系统
语旨 ⇒	人际意义 ⇒	语气、情态系统
语式 ⇒	语篇意义 ⇒	主位结构、信息结构衔接

图3-1-3 语境三要素与预习系统

（三）语域的特点

语域有三个基本特点：

首先，语域可以根据不同的精密度阶进行分类，精密度阶是表示范畴的区别或详细程度的阶。也就是说，从最一般的系统进入最具体的系统。例如，科技英语可再分为物理英语、化学英语、数学英语等语域；数学英语又可细分为代数英

---

[1] 张德禄.论语域的预测能力[J].外国语（上海外国语学院学报），1990（4）：19-24.
[2] 胡壮麟.教育科学版高中英语教材编写思路分析[J].基础教育课程，2006（5）：39-41.
[3] 张德禄.论语域的预测能力[J].外国语（上海外国语学院学报），1990（4）：19-24.
[4] 胡壮麟.教育科学版高中英语教材编写思路分析[J].基础教育课程，2006（5）：39-41.

语、几何英语、函数英语等语域。作出更加细致的区分，目的是更准确地理解并掌握特定语域对语言诸要素的需求。

其次，不同语域之间有不同的距离：有些语域十分接近，有许多相似的意义特征，如电视新闻报道和报纸新闻报道；有些则完全不同，如会计英语和物理英语，一个是介绍会计操作，一个是介绍物理学原理和定律。

最后，按照自由度的不同，语域有开放式与封闭式之分。封闭式语域属于限定性语言，没有发挥个性和创造性的余地，如天气预报。开放式语域是相对不受限定的语言，供选择的意义的范围很广，如讲故事和日常对话。这二者之间具有不同开放程度的语域，如法律文件、商务报告、旅游指南和医患对话等。在这样的语域中，既要遵守一定的社会规约，又要灵活应变。

（四）语域的基本功能

语域的两个基本功能分别是预测功能和反映文化的功能。

语域的预测功能是双向的。我们既可以根据语境来预测语篇，又可以根据语篇来预测产生这个语篇的语境。

如果我们知道了情景，知道了语篇运用的社会语境，就可以预测出许多将要使用的语言，并且这种预测很可能是正确的。

对于前一种情况来说，掌握了语篇发生的具体情境特征，就可以根据这些特征预测语篇的言语类型独特性和其相应的整体结构。例如，获悉某一对话是买方卖方之间的"合同谈判"，从这个语境入手，可以猜测交际双方会切磋哪些具体内容，如合同的各项条款、货物的数量、价格、质量标准、交货时间、交货地点、交货方式、价格条件及付款方式等，并能够积极地猜测出满足交际所必需的特定的词汇语法项目，即预测在特定语境中交流的意义和语篇的结构，以及所用词汇和语法的类型，即"自上而下"的方法。

第二种就是通过语篇来对语境进行预测，亦即"自下而上"。以语篇为出发点，首先要分析语言特点，并归纳出语篇的整体结构，这样就能预测该语篇的情景类型。例如，听力和阅读，听者或读者可以针对话语或语篇中运用到的具体词汇语法项目或术语的特征对整个交际语境进行预测，当听到"二氧化硫、盐酸"等字眼时，应该猜测到正在进行的可能是化学实验。

语域的预测性与语域的封闭程度直接相关。一般说来，语域的封闭性越强，其预测性就越强，因为规约性就越为突出；封闭性越弱，其预测性就越弱。这是因为较开放的语域中供选择的意义的范围比较封闭的要广泛得多。[①]

当然，提供了语境三个变量中的任何一个，都可以进行预测，但是如果三个变量都是已知的，我们就能够预测出更多的内容。

不同语言社团的文化或语义系统主要是通过成员的语言得以实现的，或者说是通过成员说出或写出的语篇得以实现的。不同情景类型决定的语篇是不同类型的具体的语域形式。语言主要通过语域反映文化，语域变异可以表现社会过程的多样性与文化的多样性。语域，连同反映语域特征的词汇和语法，将随着社会文化的变化而变化。[②]

（五）语域与专门用途英语

语域是按照话语范围、话语基调和话语方式来定义的，因此语域是语篇在一定语境下的体现形式。语境是由意义体现的，所以语域还主要是意义特征，同时它又表现为不同的形式特征。[③]在具体的交际场景中以具体的方式出现，从而为每个具体的语言活动提供语境构型。当然，情景语境中这三个变量的任何一个发生改变都会产生不同类型的语域，因此会产生某些具体用途的语言变体。特定的语言变体和特定的语篇类型又是由特定的词汇、语法模式来体现。

专门用途英语正是语言功能变体的体现，是专门供特定的社会文化群体所使用的言语范围。专门用途英语可以使学生的目标更加明确，而不是像通用语言教学那样什么都学。这便要求教师描述不同语域的语言特点。语域变异的标记是语言材料，这标记可以表现在词汇语法等诸多方面，并随语域的变化而变化。专门用途语言都有其专门的词汇、专门的语法。那么教师在教授词汇和语法结构时，也应将其与语域联系起来，从而讲明哪些词汇、语法特征在哪些情景语境中表达什么意义。语言的运用通常不是正误问题，而是是否恰当的问题。一个人语言掌握的好坏，不仅在于他能否造出合乎语法的句子，还包括他是否具有恰当地使用

---

① 胡壮麟.教育科学版高中英语教材编写思路分析[J].基础教育课程，2006（5）：39—41.

② 魏纪东.商务英语在WTO商贸事务中的功能分析[J].河南教育学院学报（哲学社会科学版），2001（4）：137—138.

③ 赵友斌.语境与翻译[M].长春：吉林出版集团股份有限公司，2017：56.

语言的能力。在语法上无可挑剔的句子，如果不适合其特殊的使用目的，也不是恰当的；反过来，看似支离破碎的语言可能正是某个情景语境中合适的语言。

在专门用途英语教学过程中，即在我国的专业外语教学过程中，教师应该重视各自领域内语篇的语域分析。

二、体裁理论

（一）体裁的概念

1. 体裁的起源

"体裁"一词来自法语（源于拉丁文），意思是"kind""class""genus"。在体裁大约两千年的发展历史中，大部分时间它都被认为具有命名与分类的功能。也就是说，它的首要任务是将文学作品分为不同类型并命名这些文学类型，正如植物学家将植物王国分成若干种植物一样。体裁在众多领域如民间传说、文学、修辞学和传媒等研究十分广泛。

2. 术语的界定

国内对"genre"一词有不同的译本，有的翻译为"体裁"，有的翻译为"语类"，还有的翻译为"语体"。称为"语类"或者"语体"源于"体裁"这一说法，往往给人以描述文学作品类型的印象，似乎很有局限性。比较而言，"语类"或"语体"涵盖的意义更广。但本书仍沿用"体裁"这一术语，如今的体裁概念已经远远超越了文学和修辞学领域，我们关注的是语言学中的体裁问题。

3. 体裁与语言学

由于在此研究的主题是体裁分析和专门用途英语教学之间的关系，因此我们将体裁概念的范围限制在语言学领域，即语言运用中的体裁。语言学界对体裁之所以没有充分重视，主要是出于以下原因：传统上，语言学研究的层面是篇章内的语言，借用体裁这一与文学研究密切相关的"文学术语"来说明语言问题似乎很勉强。将文学上的体裁概念扩大到非文学领域，俄罗斯学者米哈伊尔·巴赫金（Mikhail Bakhtin）是第一人。语言的使用是在人类某一活动领域中的个体话语形式（包括口头和书面的话语）中实现的每一个表述，虽是个人的，但使用语言的每一领域却会形成相对稳定的话语类型。

语言学家感兴趣的是如何对其成员的言语行为进行分类,以及如何最好地理解和运用从中推导出的用来分析言语事件的元语言[①]。体裁与言语事件经常同时发生,但是必须将其与言语事件区分开来。体裁可以出现在不同的言语事件中,例如布道作为一种体裁既可以作为教堂说教,也可以出现在其他情景中产生严肃或者幽默的布道效果。然而,应该加以区分的不是言语事件和体裁,而是情景和体裁。体裁是指"交际事件的类型",如"笑话"(jokes)、"故事"(stories)、"讲座"(lectures)、"问候"(greeting)和"会话"(conversation)等。

早在1970年,有些学者已经把语言运用中的体裁看作社会交际活动的类别。人们可把社会中的交际活动细腻而精密地反复分解为成千上万种变化类别,如电视广告、烹饪手册、讣告、产品规格说明书、政治演说、教科书、学术论文、新闻广播、短篇小说、标签、通知、下流玩笑、天气预报和体育比赛解说等[②]。

4. 不同学派的体裁概念

目前,体裁分析的三个主流学派分别是以斯威尔斯(Swales)和巴提亚(Bhatia)为代表的ESP和EAP学派、以詹姆斯·马丁(James Martin)为代表的澳大利亚学派和以希利斯·米勒(Hillis Miller)为代表的北美新修辞学派,我们来看不同学派对体裁是如何界定的。

首先,"体裁"是交际事件的一种分类。所谓交际事件,就是按照特定方法和特定程式,运用语篇在社会生活中办事的实例。

其次,交际事件分类的主要标准是一整套公认和共同遵守的交际目的,而不仅仅是语篇在语言形式上的近似性或相同点。

再次,语言体裁的范例可随其原型发生变化。

最后,体裁对语篇的内容和形式起着制约作用。

人们对交际行为的组织是否得体和成功,部分地取决于对体裁掌握和运用的纯熟程度。

体裁是一种可辨认的交际事件,其显著特点是具有一整套能被特定专业或学术社团的成员所确认和理解的交际目的,体裁内部结构特征鲜明;在目的、布局、形式和功能方面有着高度的约定俗成。

[①] 韩金龙,秦秀白. 体裁分析与体裁教学法 [J]. 外语界,2000(1):11-18.
[②] 秦秀白. "体裁分析"概说 [J]. 外国语,1997(6):9-16.

体裁理论得益于韩礼德的系统功能语言学。在系统功能语言学内部，他最先重视体裁研究。他在许多著作中都对体裁的性质和功能进行了讨论。某些学者将体裁定义为"语篇的类型"。并提出语境构型、体裁结构潜势、语篇的必要成分和可选择成分等概念来说明体裁问题。

受到韩礼德系统功能语言学的影响，韩礼德的学生马丁对体裁作了更加明确的界定。体裁是指说话者以文化社团成员身份参与的有阶段、有目标、有目的的活动。事实上，人们所做的每一件事情都在遵循一种或另一种体裁模式。这样看来，文化可以被定义为一系列基本可以解释的活动。体裁的"图式结构"指出，说话者使用语言完成以目标为导向的社会交往活动，必然会涉及体裁。例如购物，顾客与销售员的交谈遵循着特定的图示结构，即体裁模式，用以实现购买目的。从上面的定义中我们可以看出，澳大利亚学派的体裁理论传承了系统功能语学的核心思想，即将解者形式、语言功能和社会语境紧密结合在一起。

体裁可以看作语言使用中有步骤、有目的的活动类型，有多少种已被承认的社会行为就有多少种体裁。

而作为新修辞学派代表人物的米勒将体裁界定为"修辞行为的典型"。并指出体裁概念的核心并不是语篇形式问题而是语篇需要完成的行为。

不同的学派对体裁的理解基本一致：体裁是由交际目的决定的，同一交际目的使得不同语篇具有大致相同的图式结构，而这种图式结构又制约着语篇内容和语言风格的选择。另外，他们都强调体裁的常规性和制约性，认为体裁是语言使用者共同遵守的、程式化的社会交往工具，具有重复性和习惯性，其基本原则不能被随意更改。体裁的常规性并不意味着体裁是一成不变的，相反，由于文化因素或变量的作用，属于同一体裁的语篇之间仍然存在某些差异，人们可以在不破坏体裁基本结构的原则下发挥自己的创造性。

（二）体裁分析与语域分析

"体裁"和"语域"这两个术语是从不同的角度来审视语篇的：语域探讨的是与情景语境相关联的语言形式问题；而体裁说明的是社会文化语境下的语篇类型。

通过一个逻辑关系可以将语域、体裁和语言的关系解释得十分明确。体裁通过语域来实现，语域通过语言来实现。体裁作为语域的底层系统是因为体裁特点决定了语域三个情景变量的组合方式。同时语域三变量的组合又是通过语言手段来实现的。

从系统语言学角度区分体裁和语域：语域制约着词汇和句法的选择；体裁制约文章结构。与语域不同的是，体裁需要在完整的篇章内得以体现。当我们谈论体裁时，研究的重点是整个语篇结构。应该对语域与体裁两个概念加以明确区分：体裁（如研究报告和商业报告）篇章完整且结构鲜明，语域（科学报告语言、新闻报道语言和官方语言）表现的是文体或者语言的选择。篇章交际的成功取决于体裁和语域保持适当的关系。

尽管体裁被认为是实现交际目的的根本途径，然而众多学者并不愿将语域置于次位，源于学者的注意力更多地集中在对语言变体的研究上。对于如何理解、划分和使用篇章的问题，人们似乎并不感兴趣。尽管人们对体裁与语域的认识模棱两可，但体裁的某些特点是十分鲜明的，即体裁是指以目的为导向的交际事件类型，体裁有其图式结构。

体裁和语域并不是彼此排斥、互相对立的，它们之间存在着动态的牵连。体裁分析重在寻求语篇普遍特征，而语域分析重在揭示具体情境中的语篇特征，因此可以用"概括化"和"语境化"或者"定量"和"定性"两组术语分别加以解释。

上述众多学者对体裁和语域加以区分，从语域分析到体裁分析体现了语言研究从表层转入深层、从描述扩展到解释的过程。[①] 语域分析属于本（文体）分析，体裁分析属于篇章（话语）分析，二者虽有联系，但不能互相替代。[②] 它们都从属于语篇分析，语域分析侧重词汇语法形式特征，然而对于某一特定情景语境中的语言描述并不能揭示语篇类型形成的基本原理，亦即深藏在体裁结构背后的社会行为规约和程式。而体裁分析恰恰能够弥补这一不足，体裁分析注重宏观组织模式，它不仅能够展示不同交际事件的篇章构型，而且能够揭示潜藏于篇章构型中的图示结构和认知心理，它更加重视篇章的交际目的和社会功能。因此，语域分析和体裁分析是在两个不同层面、不同维度上对语言进行的研究，二者需要有机结合，才能够达到对语篇全面和深刻的理解。

---

① 章远荣.语篇的文体分析、语域分析和体裁分析[J].山东外语教学，1997（3）：2-5；31.

② 葛利友，陆文静.试论语域分析与体裁分析[J].齐齐哈尔大学学报（哲学社会科学版），2001（3）：92-93.

(三)体裁分析与话语分析

一般认为,任何句子以上语言的研究都可称为话语分析,话语分析既包括研究句子之间的衔接、段落的结构,也包括整个语篇的宏观结构。话语分析的目的是确定篇章是如何工作的。但如果分析的重点是某一语篇与其他语篇区别的结构特征时,则被认定为体裁分析。因此,体裁分析的目标是各语篇类型有何区别性特征。这对于专门用途英语各个领域的书面和口语语篇分析大有裨益。体裁分析应被看作话语分析的一部分。话语分析和体裁分析的差异为,话语分析描述的是所有语篇中出现的关系,而且其研究重点是语篇之间的相似性问题,然而体裁分析概括的是个别语篇的特征。

事实上,体裁分析是话语分析的一个最新发展阶段。话语分析发展的30多年大致经历了四个阶段:语域分析(表层语言描述)阶段、语法修辞分析(功能语言描述)、互动分析(语篇叙述)阶段、体裁分析(解释性语言描述)阶段。

1. 语域分析阶段

语域分析阶段的研究重点是确认具有统计学意义的语言变体的词汇语法特征。对词汇、语法特征出现频率的统计可以为判断结果提供佐证。然而,语域分析结果于语言的表层现象的描述,并不能分析出特定语言变体中信息衔接和组织的方式。

2. 语法修辞分析阶段

在语法修辞分析阶段,研究者重在分析科技英语语篇中语法选择和修辞功能的关系。这一时期的代表人物主要关心科技文章中的时态语法特征和冠词的选择。并指出对于时态和冠词的选择不仅依赖于句法和语义上的考虑,而且还要参考学科知识和学科规律。在通用语法中,时态的选择取决于"时间"概念;而在科技语境中,时态的选择取决于"普适性"的程度问题,例如,"现在一般时"用以表达上述特征。这一阶段的分析并不是哪些语言特征出现的频率问题,而是挖掘特定的语言特征在科学语篇建构中新表达的特殊含义,并从语篇作者的角度分析他们在写作时语法选择的依据是什么。这一时期的学者着眼点局限于某些个别现象,对语篇的描述仍然停留在表层描述上。

3. 互动分析阶段

互动分析时期的研究强调作者和读者之间的交流,及读者对语篇解读所产生的影响。这一时期的研究已经不满足于对语篇的静态描述,它强调的是读者对语篇是如何理解的。语篇的意义需要作出交互性的努力才能实现。由此可见,如果说第二阶段的语法修辞分析探讨的是作者创作的语篇,这一时期的分析探讨的则为读者眼中的语篇。

4. 体裁分析阶段

体裁分析研究的是社会文化背景下的语篇的宏观结构或者说图示结构。交际目的决定了语篇的框架构成。以上三个分析阶段虽然从语言的表层过渡到了深层,但仍停留在语言的描写阶段,对于语篇产生的依据隐藏于某一体裁背后。体裁分析的显著特点是对特定的语篇在遣词造句、语法、简章结构上的选择作出解释性说明。它重视研究语篇背后的社会文化背景因素和心理认知因素,揭示在特定的环境中人们实现社会交往目的的特定方式,更加强调体裁的交际目的和社会功能。[①]

第二节 专门用途英语教学的需求分析

一、需求分析的定义

人们目前还没有找到需求分析的完美定义。在对需求分析定义的不断改进中,人们越来越重视需求分析在课程设计中的作用。我们首先来浏览一下具有代表性的需求分析定义,然后再分析这些定义中,哪些要素是大家共同关注的、是需求分析定义必须涵盖的。

(一)需求分析的定义

第一,需求分析不是一下子就能完成的,这是一个持续性与长久性的过程,并在这个过程中去确立"是什么"以及"怎样教学"。

第二,需求分析主要用于决定学生对语言的需求,并根据其重要程度,将以上需求进行排列的一个过程。

---

① 李永宁.语篇、体裁分析理论及其应用[J].长春师范大学学报,2006,25(11):88-92.

第三，需求分析的任务是为了完成一个既定的目标，明确哪些事情必须完成、哪些事情有助于达到目标。

第四，需求分析在整个过程中明确需求是什么，并对其重要性进行排列的过程。

第五，需要对学生在特定情境下的语言学习需求进行系统性的收集和分析，这样才能够定义和明确课程目标。课程目标的明确是为了满足学生在不同情境下的语言学习需求，而这些情境会影响教学和学习场景的创建。因此，进行需求分析是必要的。

（二）定义中的要素

1. 需求分析的过程

需求分析并不是一个一次性的活动。它并不只是在课程设计之初对课程设计进行指导的一次活动，而是一个根据学习进展情况定期、反复执行的，不断为教学提供反馈信息的活动。因为在课程开始前，各方人士对需求的认识可能只是自己头脑中的想象，还没有与现实结合，教师在此时还未接触到学生，根据以往教学经验作出的判断可能有偏差；而学生还未接触到课程，对课程的认识也可能是理想化的，所以随着课程的进行，教师、学生、管理者都会从更现实、更切合实际的角度来看待需求的问题。因此，需求分析应跟随课程定期进行。

需求分析是一个对各种需求按有效程度从高到低排序的过程。当教师进行需求分析时，必须面对的一个问题是每个学生的需求千差万别，教学情境也处于不断的变化之中，所以有必要对于需求的有效性进行甄别。成为有效需求的标准有两条：一是能客观正确地综合反映各方对学生的目标和要求，二是该要求必须能在现有条件下得以满足。简单地说就是目标正确、过程可行，否则就不能成为有效需求。在挑选出有效需求后，还应依据需求的重要性和可执行性排序。这样在课程设计时才能首先满足那些重要的、急需满足的需求。

2. 需求分析应收集的信息

需求分析收集的信息是指从信息源处获得的信息，分为与人相关的信息和与事相关的信息两大类。与事相关的信息包括学生的语言需求、专业知识需求、目标情境背景知识需求、教学情境分析等信息。与人相关的信息包括学生的学习风格和策略、师资力量、管理者态度等。只有综合了这两方面的信息，才能保证需求的有效性和可行性。

3. 需求分析信息收集的渠道

需求分析信息收集渠道和其他的调查有很多相似之处，通过调查、问卷、访谈、测试等手段收集信息。其目的是收集到各种与满足需求目标有关的主观和客观信息。在各种信息收集手段的应用中，应时刻重视指标，否则调查的数据无分析价值。

综上所述，我们可以把需求分析定义为，一个针对既定的学习目标，在课程设计的不同阶段，从各种信息源，利用各种调查手段，获取在现有条件下怎样才能成功完成学习目标的信息的过程。这一过程可以反复进行，需要对需求的有效性加以甄别，需要对需求的重要性进行排序。

二、需求分析的分类

关于需求分析的分类众说纷纭，各种分类方式都有，但总体上我们可以归纳出四个标准，并依据这四个标准给需求分析分类。

（一）差距型标准

差距型标准即发现现实与理想的距离，这个距离即为需求。需求可以分为两类：目标需求和学习需求。目标需求是学生在特定情境下所需要达到的理想状态，即他们需要做些什么。而学习需求则是为了达成目标需求，学生需要学习和掌握的知识、技能和行为。换句话说，目标需求代表着学生的期望结果，而学习需求则代表着实现这个目标所需的具体步骤。哈钦森和沃特斯的目标需求中有三个重要概念"客观需求"（necessities）、"客观缺乏"（lacks）和"主观需求"（wants）。

1. 客观需求

目标情境决定的需求是指学生应该掌握的能力和知识，以便能够在特定的任务环境中完成任务。

2. 客观缺乏

客观需求与学生现有水平之间的差距就是客观缺乏。这种差距是存在于学生所处的学习环境中，不受教师和学生个人意志的影响，需要学生自己主动去学习和弥补。

3. 主观需求

专门用途英语与一般英语的不同在于，专门用途英语对需求的主动"意识"程度较强。而"意识"是个人主观认知层面的东西，往往因人而异。虽然目标情境的客观需求和客观缺乏，可以通过各种手段测量其存在状态，但学生想要的东西即"主观需求"却可能与教师、课程设计者、管理者的期望有所不同，他们也许并不想学习"客观缺乏"的内容，而是有他们自己的兴趣。通过对在校生和毕业生英语听力需求的调查发现，即使学生在日常生活中很少使用英语听力，但是他们都觉得英语听力是十分重要的语言，都想学习提高自己的水平。因此，学生实际上可能更需要提高英语阅读能力，但是从主观需求的角度来看，他们更关注提高英语听力的能力。在生活实际中，由于学生有不同的学习目的和需求，所以其主观需求和实际客观缺乏往往也有所不同。

为了设计出能够激发学生学习兴趣并满足社会需求的课程，我们需要综合考虑两个方面的因素。一是客观上必须学习的内容，也就是学生必须学习的知识和技能；二是学生自身的实际需求和利益，也就是他们学习英语的具体目的和需求。总之要让学生主动地去学习。

（二）需求主体标准

从理论上说，在需求分析过程中，有多少个参与方就有多少种需求。如学生需求、教师需求、官方需求、社会需求、赞助商需求等。在实践中，学生需求和教师需求往往是最关键的，因为他们是课程的主要参与者。而其他需求会通过各种渠道对这两种需求施加影响，所以真正指导课程设计的需求应是各方需求相互妥协的结果。但在妥协的过程中，学生需求和教师需求应占主导地位，其权重应大于其他需求。

（三）需求用途标准

需求分析可以根据用途的不同，分为工作需求、学习需求、考试需求等。如果课程的目标是进一步学习深造，或提高现有的学习质量，则是学习需求。如果课程目标是提高未来工作中的能力，那就是工作需求。各类学科的学习需求有相当多的共性，如记笔记、阅读资料、写作论文等，所以学术英语主要为满足学习需求而开设的，可以应用于许多不同的学科。而人们工作需求的共性较少、个性较多，只有熟悉本行业工作的人，才能出色地完成工作需求的信息收集和分析工作。根据不同用途需求的特点来设计课程，能加强针对性，提高学习效率。

（四）需求性质标准

根据需求分析的性质，需求可分为客观需求、主观需求、目标导向型需求和过程导向型需求等。按这一标准得出的分类与前几种需求类型并不重合，它是对前两种需求性质的界定。如在目标需求中，可能有一些需求是主观需求，如学生希望提升口语水平等；而有一些需求则是客观需求，如社会期望大学毕业生能读懂英文专业期刊等。分析需求的性质能让教师主动意识到某些需求本身的缺陷，在权衡各方需求时，趋利避害，追求效益最大化。例如，现在不少大学生都希望提升自己的听说能力，是因为这两项技能的确是他们的弱项，但他们的阅读和写作能力就真的达到了工作需要吗？事实可能未必如此，所以学生对自己能力的判断有时未必准确，尤其是在校的学生未进入社会，并不十分清楚社会对自己的需要。所以课程设计者通过各种调查发现的社会客观需求可以对这些主观需求起到一定的纠错效应。而将需求分为目标导向型和过程导向型，能使教师主动意识到它们在课程设计过程中的不同作用。目标导向型需求为教师指明了课程进展的大方向，是课程设计的目标，而过程导向型需求则帮助规划出课程到达目标的路径，只有切合学生风格、教学环境、社会环境的课程设计，才是有效、可行的设计。

三、需求分析的重要性

（一）对课程设计有重要意义

需求分析在教学大纲的制定中扮演着重要的角色。当需求被明确后，教学目标也就随之确定。需求分析可以作为教学的考试、教材选择、教学活动和评价策略的基础。同时，需求分析也可以用于评估其准确性和正确性。合理的需求分析是系统化语言课程大纲设计的有效基础，可以检验目标和过程的有效性及需求分析应用的效果，这对于制定教学大纲的讨论过程提供了一个较为不错的开始。

需求分析可以帮助教师了解学生为什么学英语，以及他们需要学习哪些内容和技能。通过这种分析，我们可以为学生提供更符合他们需求的英语课程，从而激发他们的学习热情和潜能。同时，不同的专业和学生需要不同的英语技能，因此需求分析对于英语专业的分类和针对不同学生的英语教学都非常重要。

部分学者等总结了需求分析对我国外语学习的重要作用，共有四点。

一是为制定外语教育政策和设置外语课程提供依据。

二是为外语课程的内容、设计和实施提供依据。

三是为外语教学目标和教学方法的确定提供依据。

四是为现有外语课程的检查和评价提供参考。

（二）有助于教师改进教学方法

除了对课程设计有重要意义，需求分析在教师改进教学方法及提高教学效果方面也有重要租用。需求分析的重点在于能够了解学生当前的语言能力、专业知识水平，以及与他们希望达到的程度之间的差距。这样可以帮助教师集中精力在最需要关注的方面，在教学过程中少走弯路。在外语课堂上，教师有时会因为忽略学生的兴趣和需求而导致一些问题。然而通过需求分析，教师可以意识到学生是他们获取信息的重要来源，并且可以更清晰地了解课程的最终目标。明确的教学目标可以帮助教师更好地规划教学，进一步提高教学效率。

（三）有助于提高学生的学习积极性

要区别专门用途英语一般英语，重点在于两个方面。首先，专门用途英语的需求必须得到教师和学生的认可，并可以明确列出来。这种需求会对整个教学过程产生一定的影响。其次，通过对学生需求的分析，学生会逐渐明确自己的学习目标。这样有助于他们更好地参与教学过程，包括课程安排、教材选编和课堂教学中师生的互相配合，从而让学生感兴趣并且提高他们的积极性。随着课程的不断开展，学生的学习态度和学习方法也会随之发生改变，这样学习成绩和效果都会逐渐提高。

第三节　专门用途英语在教学中的地位

一、专门用途英语教学的必要性

（一）满足社会发展的需要

自从我国加入 WTO 之后，和国外的交流已经不限于政府和团体等组织，全社会都有机会参与对外交流，并且这种交流向科技和经济各领域延伸。对外交流限制的打开，使越来越多的外国人开始到中国的投资和旅游，同时我们的文化和思想以及产品也传到国外，交流范围和数量的扩大也就意味着我们对各行各业复合型人才的需求也在增长，需要大量通晓专业业务外语能力强的人才，这就要求高校培养出具有一定外语水平的应用型专门人才。社会对于外语能力的各类需求向多元化和专业化发展，在学校学习商务管理的学生，毕业后可以直接使用英语进行商贸谈判；从事新闻工作的人员，可以直接使用英语进行采访，做律师的能够以英语参加法庭；担任技术员岗位的人才可以使用英语与国外同行进行沟通。这样看来，普通英语技能难以满足市场需要。英语具有工具性、应用性等特点，且这些特点越来越突出。为了提高教学质量，培养出具有扎实专业知识基础和较强应用语言交际能力的专业人才，英语教学必须向实用型转变。在当下，部分学生学习英语与以往相比，展现了很强的目的性与实用性，他们学习英语是为了有机会进入国际大公司或者涉外公司或者出国进修等。这种情况下，我国对专门用途英语教学的需求变得空前紧迫。当下，英语存在于国际政治、经济商贸、科技交流及其他各领域，普及程度不断提高。随着我国改革开放的不断深入，国际交流与合作日益增多，人们接触世界各国的机会不断增加，而英语水平则成为衡量一个人能否适应现代化社会发展需要的重要标志之一。据统计，国际上 85% 以上的学术论文是用英语发表或宣读的，各学科的主要学术期刊也以英语为主。[1] 所以大学英语教学要兼顾学生文化素质培养和传授国际文化知识，但是它与培养外语工作者的英语专业又有区别，大学英语具有工具性的特点，可以及时得到各类

---

[1] 姜威. 上海体育学院新康管专业学生 esp 课程设置探析 [J]. 校园英语（教研版），2011（5）：5；10.

信息，顺利地开展国际交往，所以人才培养偏向语言实际应用和工作能力。

（二）改善教学和研究现状

由于社会对专门用途英语的需求不断增加，国内很多高校也纷纷开设了专门用途英语课程。然而，这些课程的教学现状和模式还不成熟，教学效果不尽如人意。长期以来，我国大学英语总体上说是通用英语，课程设计多是对一般英语课程设计的生搬硬套。加上国内各高校的专门用途英语教学起步较晚，对专门用途英语教学的社会需求、课程设计以及学生应达到的水平并未进行广泛的调查和深入的探讨，因此专门用途英语课程的教和学无论在过程上还是在内容上都无法体现出专门用途英语的特色，特就无法培养出社会需要的"专业＋英语＋现代技能＋创新能力"的人才。

国外高校已普遍开设专门用途英语课程，我国香港地区也在专门用途英语教学方面取得了一定成果。基于此，我国英语教学应该向着与专业学习相结合、与工作相关的英语教学方向发展。如今，我们国家有许多人掌握了一定的英语技能，每年获得大学英语四级合格证书者数以百万计，但是这只是数量上的优势，实际上能够熟练地运用英语的工程技术人才并不多。一些偏工科的行业，如机械、化学、生物、金融、电子等行业专业英语人才的短缺是一大问题。为了改善这一现状，我国大学英语教学要转变现行培养模式，由通用英语教学、一般英语技能训练向专门用途英语教学过渡，让学生将英语当作今后工作和生活的和工具，为专业学习和工作中的语言做准备。

二、专门用途英语教学的独特性

（一）专门用途英语教学与一般英语教学的异同点

专门用途英语教学的发展就是针对语言领域的发展。专门用途英语与普通用途英语有很大的区别，在教学上更强调实用性和针对性，注重对学生实际运用能力的培养，其目的在于提高学生的综合素质和职业竞争力。在专门用途英语研究日益深入的情况下，针对专门用途英语的概念或者定义也在不断发展和完善。在不同时期有许多著名学者从不同角度对专门用途英语教学的概念进行了界定。其中史蒂文斯、埃文斯解释的定义产生了比较广泛的影响。有学者将专门用途英语与一般英语视为对立的概念。专门用途英语不管其教学目标还是教学内容与交际需要，都是非常明确的，一般英语将英语看作一门单独的语言课程。

根据中外学者在专门用途英语方面的研究成果，这里归纳出了最具共性的4点加以说明。

1. 专门用途英语属于应用语言学范畴

如果从语言学的视角来研究，专门用途英语属于英语语言教学中的一门学科，属于一个分支，是英语不同专业范围的一种语言变体。可以说，"专用"与"通用"都只是对英语一个分支的称呼而已。专门用途英语虽然在不同的专业都有不同的方向，但它们都属于同一种语言体系，因此它们的区别只在一些语法项目、词的含义与出现率、句法结构问题上。因此，专门用途英语教学与一般英语教学是完全不同的。一般英语属于专业课程，只把英语当作手段和媒介，课程的重点在于某一专业完整的理论体系构建；而前者是一种语言课程，教学重点是该门学科的语言特点和规律，以传授与某专业有关的英语语言知识和技能为目的。如果说一般英语讲授的是语言共核，即某种语言的人群中大多数人都使用的那部分，那么专门用途英语也可以被视为共核的变体，是一般英语教学的扩展和延续。一般英语教学和专门用途英语教学是英语学习中的两个不同阶段，是整个高校公共英语教与学过程中的一个连续统一体。

2. 专门用途英语与某种学科紧密相关

专门用途英语是一个多元的且以不同形式出现的理念。它所涉及的语言和语言学知识，必须为学生所研习的专业知识服务。专门用途英语的"专门"二字即是其目的，其内容涉及特定职业领域的专门内容。专门用途英语的分支即主要应用的学科和职业领域，如医学英语、金融英语、工程英语等。从这个角度出发，专门用途英语是一般英语的扩展和延续，是根据学生特定目的和需求而开设的英语课程，其目的就是培养学生在一定工作环境中运用英语开展工作的交际能力。

3. 专门用途英语更能反映学生的需要

相对而言，学生的语言需要在专门用途英语中较容易确认，这是专门用途英语引人注目的特色之一。因此，专门用途英语教学有两个最基本的判断标准：

一是专门用途英语必须是以特定目标为导向的英语教学。

二是专门用途英语教学必须建立在需求分析的基础上。

这里的需求既包括学生今后将要遇到的交际情境，也包括学生的学习方法和知识摄取的先后顺序。专门用途英语与一般英语的区别不在于需求的存在而在于对需求的意识，如果学生和教师都意识到需求的存在，那将会对课程的内容有积极的影响，而且这种潜在影响是可以利用的。

4. 专门用途英语强调应用技能

在社会语言学家看来，语言是一种社会交流的手段，也可以称为工具，学生要学会在多种场合作出适当的回应，而非仅仅学词汇、语法知识。因此，外语教学必须强调提高学生的综合素质，特别是对口语、听力等方面的技能训练。一般英语教学重在发展学生的语言能力，但专门用途英语教学重在培养学生的交际能力。以商务英语为例，商务英语的教学目标在于能够让学生在商务环境中自主运用英语，顺畅地用英语交流。专门用途英语是应用语言学的一种，注重对学生交际能力的培养，充分体现了学生的需求。

大学公共英语主要进行语言教学，语言讲解与技能训练，以培养学生听说读写译技能为主，让学生掌握一些基本通用词汇；同时还必须注重对学生进行普遍语言现象的教学，培养学生基本语言技能，引导学生对英语语言普遍性进行理解和把握，打好英语基础；但是公共英语并没有体现出语言的实用性、应用性。针对这一情况，需要将专门用途英语教学引入公共英语课程。专门用途英语教学更加注重实用性，锻炼学生对职业领域英语应用的能力，解决了学生英语学习基础阶段未掌握或未充分掌握专门领域英语知识与技能，有助于学生循序渐进地掌握用英语作为媒介与某一专业学科沟通的技能地问题。可以形成有针对性、注重实用能力培养的教学途径，它的基本特征是"用中学、学中用、学用统一"。

专门用途英语教学与一般英语教学密不可分，在英语教育体系上，它们是同一个教学目标所建构起来的两个维度。一般英语教学为专门用途英语教学奠定了基础，也提供了必要的前提条件，并且双方都在有了语言习得之后才能进行，二者关系十分紧密，凡是对一般英语教学有用的原理，专门用途英语同样适用。专门用途英语涉及特定专业，它有其内容上的特殊性和为一定产业服务目标的方向性，能够较好地满足社会对于人才的要求。大学专门用途英语教学，是指学生语言知识与技能达到一定程度时，以社会为导向，以学生的现实需求和学生语言应用能力进一步发展。只有将高校一般英语教学向专门用途英语教学延伸，才有可能为社会培养真正所需的人，目前国内很多高校都开设了专门用途英语专业课程。但是，我们不能认为一般英语不重要，恰恰相反，一般英语是贯穿大学英语教育的重要组成部分，要遵循英语教育教学的规律，全面把握学生实际情况，逐步深入，对一般英语和专门用途英语的课程及教学进行合理安排，促进二者教学内容与途径的有机统一，促进大学英语课程的科学发展。

5.专门用途英语能够满足职业需求

专门用途英语课程的开设，顺应了人们对英语学习需求的转变，从原本的单一性发展到多样性的实际需求，英语的学习不再是单纯的学科知识的学习，而是与职业有关的需求紧密联系在一起的，这样，在大学英语教学中，培养符合职业需要的任务日益突出。我们要知道，不能将专门用途英语当作一种"特殊种类"的英语。专门用途英语虽然具有特殊性，有自己的语言特性，但是专门用途英语和一般英语的共性更多。专门用途英语教学和一般英语教学在教学的基本原则上并无本质区别。尽管教学内容不同，但是二者的教学过程并没有差异。真正的区别在于，学生在专门用途英语教学与一般英语教学的语言学习上有着不同的需求。在专门用途英语教学中，要将学生的语言学习动机研究清楚。因此，专门用途英语教学应关注其学生的具体需要。根据需求分析，二分法和三分法是与专门用途英语相一致的方法。根据哈钦森和沃特斯的观点，根据三分法专门用途英语可以分为科技英语、商贸英语与社科英语，每一个分支还可以再细分为职业英语与学术英语的次级分支。如果根据二分法，专门用途英语可分为职业英语与学术英语两大分支，并将学术英语再细分为专门类与一般类的学术英语。在专业英语词汇体系中，这两种分法均有其自身特点，并对教学产生了重要影响。划分三分法，主要是按照学科门类划分的；二分法是基于学生最终运用语言的目的及语言环境来划分的。这里总结一下，专门用途英语的特点具有真正预料性，并且目的方向性强，以自我学习为主。

（二）大学英语与专门用途英语的有效结合

基于上述的介绍，我们会有一个疑问，既然专门用途英语有如此多的特点，那么大学英语教学能否只学习专门用途英语呢？在我国目前的教育环境下，这种只选取专门用途英语教学的做法能否取得成功？答案是否定的。原因有三点：第一，刚刚进入大学的学生并没有掌握扎实的英语知识，基础一般比较薄弱，只学习专门用途英语，没有学习基础英语，专门用途英语教学就没有了基础，无法有效开展；第二，当大学生进入职场，每天都要进行话题交流和沟通，这种日常交际需要建立在语言基本技能之上；第三，只学习专门用途英语，有悖于当今社会终身学习这一思想，对学生的可持续发展。

大学英语教学以能力本位为中心，突出专业相关的英语应用能力的发展。大学英语与专门用途英语是英语学习中不可分割的有机统一体，两者不能割裂开来，应使二者有效地结合起来，让大学英语顺利过渡到专门用途英语阶段。英语教学要维护英语学科稳定，在学习好语言基本功的同时还要充分了解各个专业学科自身特点，强化专门用途英语教学，增强专业领域工作能力。

要以需求为出发点来开展设置课程，以课程设置为依托，对教材建设进行研究，还要在此基础上进行教学方法与师资队伍建设，以及改进教学评价等各环节，最终达到培养复合型人才之目的。

1. 继续 EGP 教学，夯实语言基础

经过了初高中英语学习，学生基本已具备语音、语法基础知识，词汇量也有了一定的积累，初步具备英语听说读写译能力。出于巩固英语语言基础的目的，各校可以结合具体情况，继续开展大学一年级的专门用途英语教学，强化学生英语语言基础知识与技能，在有效运用教学手段的同时，注重对学生用英语实际交流能力的培养，这样学生就有能力运用英语及交际策略，从事涉外日常生活及业务交际活动。教师要注重对新生入学的引导工作，努力帮助学生走出"聋哑英语"的困境，让学生在课内课外各项教学活动中，提升英语基础知识与基本技能。

2. 加强专门用途英语教学，满足人才需求

为达到一般英语和专门用途英语教学连续一致的目的，高校要不断完善管理规范，建立专业教学指导机构，承担教学资源的分配工作，通过举办教师听课评课、教学研讨、学术交流以及项目合作等来推动其开展了卓有成效的协作，包括教学和科研等。专门用途英语课程具有鲜明的专业特征，英语仅仅是展示教学内容的一种手段，所以不能过多地重视英语的功能，这样就容易把专门用途英语课程变成翻译课。教学要充分考虑学生需求，也要考虑市场需求，并能够利用这两个需求的关系，让教学内容为需要解决的职业方面的问题服务。专门用途英语教

学形式与一般英语具有差异性，不管是教学还是学习，难度都不小，所以要采取小班化教学与任务式教学相结合的方式，加强教师与学生的合作互动、学生间的交往，这样才能达到良好的教学效果。教师应善于借助词语、结构与文体及其他特点的对比，重点培养学生将在一般英语学习阶段所学知识与能力运用于专业领域，顺利完成语言学习向实际应用的转换。

选择教材时，应转变大而全的指导思想，转向专、精、实的方向。专门用途英语教材必须体现出职业性，一方面，要与专业知识联系，做好衔接；另一方面，还要注意衔接好一般英语。每个院校专业设置不同，所以编写出像一般英语那样通用的教材并不现实。这种情况下，专门用途英语教材的编写应该以各高职院校按其设置的专业为主进行开发，还要考虑生源情况和每周课时，使编写出来的教材与专业贴合，反映学生实际情况，更重要的是发展学生英语应用能力。

在专门用途英语教师成长与发展方面，高校应该加大对教师的培训力度。当前，大部分高校已经具备出色的英语教师队伍与专业课教师队伍，在此基础上，学校可以将这两支队伍协作起来，建立跨系跨专业专门用途英语教研室进行协作教学，或者形成教学一对一的教学合作对子，进行互补，从而为专门用途英语教学服务。同时，要注意发挥两种教师资源在英语教学中的优势，共同培养出合格的英语专业人才。此外，还可通过合理调整教师结构等措施，对两种类型的教师进行系统的培养，以适应专门用途英语教学的需要。在加强专业教师语言培训、提升其听说读写译英语技能的同时，也要强化英语教师专业知识培训，以提升他们专业知识水平。学校也可以经常邀请行业中的精英人士来校授课，以增加专业的实用性。

3. 高校一般英语与专门用途英语课程统整的价值取向

当今课程改革有一种趋势，就是要课程统整。课程统整就是将学校课程同学生的兴趣、具备的经验、社会需求三个层面有机地融为一体，再进行课程设计。它既能满足不同层次教育对象的要求，又能够使每个学生都得到充分发展。所以，统整一般英语、专门用途英语课程时需兼顾它们在社会、学科及个人三个层面上的作用及价值。

（1）高校一般英语与专门用途英语课程统整的社会价值

当今信息时代的科学技术迅速发展，国家与国家之间的交流与合作的范围和深度也在增加，社会需要各种专门人才层次，同时其要求也在不断提高，在这种情况下，既懂得专业技术又通晓英语的复合型人才愈来愈受欢迎。因此，培养复合型英语教学人才成为高校英语教育改革的一个重要课题。复合型英语人才就是既精通英语各项技能、了解英语基础知识，又掌握其他学科基础知识与技能的人才，一专多能。

复合型英语人才知识面较广，一般在精通外语语言的同时，还要懂得外交、外事、金融、经贸、文学、法律等有关学科知识。随着我国经济全球化趋势的不断加深，对复合型英语专业人才需求量越来越大，而目前我国高等院校中缺乏专门针对该领域人才培养的课程体系，致使毕业生不能满足市场需求。因此，对高校一般英语、专门用途英语课程进行统整恰恰符合时代发展的需要，有利于培养出社会迫切需要的人才。为此，高校要加强大学英语教学中的语用能力发展，根据学生所学专业设置系列专门用途英语课程，实现语言应用和专业知识的有机融合，始终将专业知识和信息沟通与交流作为教学重心。

（2）高校一般英语与专门用途英语课程统整的学科价值

目前大学英语教学改革正在全面展开，其内容涉及教学性质与目标、教学要求、课程设置、教学模式、教学评估与教学管理。其中，教学改革的重点是教学内容和教学方法的改进。对高校一般英语和专门用途英语课程进行统整，从培养学生英语综合应用能力入手，可以在教学中满足三个层面的不同需求，有效地实现因材施教。

从课程设置上看，对大学英语课程进行统整，就是要集综合英语类、语言技能类、语言应用类、语言文化类及专业英语类必修课程与选修课程于一体，以保证不同水平学生英语应用能力的全面培养与提升。

就教学方式而言，要以计算机为依托、以课堂为载体形成英语教学模式，要时刻凸显学生的主体地位，使其能够自主地选择合适的方式方法开展学习，促进学生形成个性化的学习方法，培养学生自主学习能力。

在教学评估方面，需要用将形成性评估与终结性评估相结合的方式来监控教学过程，及时反馈教学信息，及时调整教学内容与策略，以保证教学质量得到提升。

在教学管理方面，要将对专门用途英语教师队伍的建设放在重点位置，在加强对教学过程中的引导、督促、检查的基础上,促使高校一般英语、专门用途英语课程统整工作得以顺利实施。把高校一般英语课程迁移到专门用途英语课程中去,加以统整,这体现了大学英语教学改革精神与要求,在大学英语学科的建设和发展方面发挥促进作用。

(3)高校一般英语与专门用途英语课程统整的个体价值

在以往的大学英语教学中,学生的学习兴趣往往不被重视,学生学习的积极性也没有被调动起来,并且教学内容与学生的实际专业及生活实际相脱离,这就忽略了学英语最重要的目的就是"用英语",没有让学生养成使用英语的能力,一直都在"学英语"。学生要通过英语来学习并掌握与所学专业有关的信息,以便在以后的学习、工作及社会交往中能够运用英语进行有效的交流。随着科学技术迅猛发展和国际交流日益频繁,人们越来越重视对语言能力的培养,特别是英语应用能力的培养。英语人才需求已经呈现多元化和专业化的发展趋势,越发突出了英语工具性和应用性的特点。因此,大学英语课堂应该向培养学生综合素质方向发展。高校一般英语和专门用途英语课程统整模式的提出,使得传统教育中重基础、轻实用的特点发生改变,学生个体需要被重视起来。一般英语和专门用途英语课程统整模式在注重一般英语基础知识学习的同时,有利于学生打好扎实的语言基础,让学生在专门用途英语课程中学习并注重专业知识与技能的掌握。通过在教学过程中实施这种新的教学模式,可以使学生更好地掌握所学知识和技能。与此同时,在一般英语和专门用途英语课程统整模式下,学生的学习目标得以明确,学生的学习动机也更加强大,能够充分调动学生英语学习的积极性和主动性,取得相对较好的学习效果,一改以往的低效课堂。

三、专门用途英语教学与双语教学的关系

我国教育部高教司在2001年9月发布了《关于加强高等学校本科教学工作提高教学质量的若干意见》,明确指出:"本科教育要创造条件使用英语等外语进行公共课和专业课教学。"这项意见的提出,使得大学的英语教学改革向着双语教学的方向发展。在高等教育中实施双语教学已被越来越多的人所认识和接受,但由于对"双语"这一术语的理解不同,导致一些高校出现了不一致甚至相互矛盾的现象。双语教学这一新型教学形式绝非把英语语言教学与专业课教学单纯地

融合在一起，而应以专业为主线，在教学与学习中渗透自己的学科知识体系。它不是一个纯粹意义上的教学活动或一门课程的名称。它的主旨在于以两种语言为载体将知识传达信息给学生，使他们能够同时运用两种语言来掌握本学科的概念、理论与方法，从而达到思考与表达的目的。它不仅可以解决专业英语难教易学的问题，而且还可培养大学生运用英语交流的能力。双语教学本质上是一种教学形式而不是英语语言的教学，其终极目标是让学生在教学中能够较好地掌握专业知识。大学英语教学、公共英语教学是依据，专门用途英语教学是过渡性桥梁，双语教学是终极目标。

我们为什么要推行双语教学？归根结底是为了提高学生英语水平，使他们能够更快地学习并掌握先进科学知识与科学技术，以适应国家的发展，满足学生今后发展的要求。目前我国高校普遍实行了专门用途英语教学，专门用途英语教学是为了帮助学生习得有关某一专业或科目的英语来满足某一专业或课程的需要。专门用途英语教学在内容上与具体专业和职业相联系，词汇句法和语篇与具体专业、职业有关活动语言使用相匹配。这表明专门用途英语的培养目标与双语教学培养目标的方向是相似的，因此实现专门用途英语培养目标可以为开展双语教学奠定基础。

双语教学与专门用途英语的很多要素之间息息相关，包括学生、教材、师资建设和课程体系设置等。由于二者联系紧密，要想实现双语教学，就必须打好专门用途英语教学的基础。所以专门用途英语教学具有从大学英语教学到双语教学转变的理论可行性。

综上所述，双语教学这一国策是我国高校教学改革的重要举措，其推行不仅需要整体教育环境支持，还要求教师与学生密切配合。目前在我国开展这一工作还存在许多问题，如观念落后、师资不足等。只有正确处理好公共英语教学，学科专业英语教学和双语教学之间的关系才能实现真正意义上符合世界发展趋势的人才培养。

第四章　专门用途英语教学的实践应用

本章主要内容为专门用途英语教学实践应用，主要从三个方面进行阐述，分别是专门用途英语教学模式与方法、专门用途英语教学评价实施、专门用途英语课堂教学实践。

第一节　专门用途英语教学的模式与方法

一、专门用途英语教学模式

（一）教学过程模式

教学过程模式是加拿大籍教学法专家斯特恩（H.Stern）在《语言教学的基本概念》（*Fundamental Concepts of Language Teaching*）一书中提出的。在此模式中，教学可变因素分为4类：社会环境、预示因素、过程因素和学习效果。社会环境直接影响教师、学生，间接影响教学过程。教师的特性和学生特性是教学的预示条件。学生的特性有年龄、性别、教育情况、个人素质；教师的特性还包括语言背景、经验、职业训练、语言教学经验和理论水准等。

教师和学生是教学过程中的主要角色，他们的特性对教学起着重要的作用。教学过程是教师为学生设立学习条件，使用教材和其他设施，通过一定步骤引导学生参与各种课堂活动，以促进学习的过程。而学习效果，首先指学生获得的实际运用所学语言的能力，也应包括认知和情感方面的效果。

（二）大纲设计模式

大纲设计模式实际上是一个具体的教学法的模式。如澳大利亚课程发展中心颁发的《完全指南》（*All Guidelines*）所提出的模式认为，语言课程如同一幅拼图，没有哪个部分可以孤立存在，所有部分都是难分难解相互关联的，课程中任何一部分的变动都会影响其他部分。例如，活动评价的改变将不可避免地影响课堂活动实施，就如同语言学习内容的改变自然会使评价过程发生变化。根据课程设计，需要经常调整教学方法，以获得课堂学习经历以及进一步的语言学习和语言习得。

（三）课堂教学模式

课堂教学模式是具体实施教学的模式。国外常用于专门用途英语教学的模式主要有以下六种。

1. 语法翻译模式

19世纪中叶，欧洲诞生了语法翻译模式。人们为了开阔自己的眼界，需要学习和阅读大量的外语资料和文献，因此就必须学习外语。语法翻译模式强调语言本身的系统性、连贯性及逻辑性，以传授语法知识和注重理性为主要特征。将翻译作为一种教学目的和手段；以阅读为中心，注重对原文的研究，提高学生的外语阅读能力。学生理解力对成年人作为教学对象尤其是非英语国家的专门用途英语方面仍具有一定的积极意义。国内多数高校教师正在使用这一模式。这种模式过多地强调语法知识传授，并没有注重培养学生语言交际能力。教学方式单调乏味，只一味死记硬背，学生自然丧失兴趣。

2. 浸没模式

浸没教学模式是一种特殊的"语言与内容的交融"的教学模式，这一教学模式的目标是掌握学科内容。学生通过获得与所处年级水平相符的学科技能，学习学科知识，最终获得语言技能。比较早使用浸没教学模式的国家就包括加拿大。早在1965年，加拿大教学开始采用这一教学方式，主要针对说英语的学生推行。此后，北美很多地区都开始使用浸没模式，并发展出各种形式。现在，人们已经普遍接受浸没教学模式。其特点在于第二语言既是一种学习内容又是一种工具。浸没教学方法强调让学生通过接触和实践来获得知识。但在实际的教学过程中，浸没式课堂教学并不能为学生提供广泛的交流机会，导致学生表达方式不多，在语言实际运用方面还存在不足。此外，各学科教师为了达成促使学生理解学科内容的目标，在教学上与学生进行沟通的基础是按照学生已经具备的语言技能、语言水平的标准上来的，这样长期下来，学生就在学习学科内容方面回避了语言方面的挑战，无法接触新的内容和技能，遇不到新的问题和思考，自然也就不利于提高学生语言水平。

3. 交际模式

交际模式在 20 世纪 70 年代初期产生于欧洲共同体国家，首先由英国学者提出。外语教学的目的在于使学生不仅能用正确的外语语音和语法结构来表达思想，而且在各种不同的语言环境中正确使用外语。交际模式有以下几个主要特点：语言是交换和获取信息的手段，教学过程就是交际过程，提倡在交际过程中学习语言；学习语言不仅要掌握语言形式，更重要的是在实际场合恰当地使用语言，达到交际的目的；外语学习是逐步完善的发展过程，对待学生所犯的错应采取"宽容"的态度；专门用途英语课堂的交际活动应以学生为主体，而教师的责任是选择、组织和促进交际活动的开展。但是交际法需要大量的语言输入，更需要占用大量的时间，在目前专门用途英语教学课时有限、学生语言基础不牢固、没有语言环境的条件下来达到培养交际能力的目的显然是不现实的。

4. 任务模式

任务模式是在 20 世纪 80 年代兴起的一种强调"做中学"的语言教学模式。任务型教学模式以具体的任务为载体，以完成任务为动力，把知识和技能融为一体，使学生使用目的语参与理解、处理、输出和互动。交际课堂任务设计的特征是目标的明确性、丰富的习得环境、学习者的主动参与性、教师的脚手架作用。但是对任务的选择、编排和任务的难度不易掌握。目前，在我国尚缺乏对任务型教学的实践指导。

5. 其他模式

目前，以上模式也较为广泛地用于我国的专门用途英语教学。随着专门用途英语教学在我国的发展，一些院校也形成了自己具有特色的教学模式，如深圳职业技术学院的"3S 中心"模式，即以社会为中心、以学生为中心和以学习主题为中心以及商务英语专业的 PEB 模式，即"以实践为核心、以英语为主线、以商务为背景"；广东科学技术职业学院的商务英语专业构建了 BECP 模式——以商务为背景、以英语为平台、以能力为主线、以技能实践为核心。这些模式在教学实践中取得了较好的效果。

六、授课模式

英语课程教学的授课模式有四种：使用英文电子教案，教师中文讲解；使用中英文电子教案，教师中英文讲解；使用英文电子教案，教师用中英文讲解；全英语教学。对于大多数高等院校的非英语专业的专门用途英语学生而言，学生综合运用英语的水平并不高。因此，适合采用第二种授课模式。

二、专门用途英语教学方法

外语教学法是依据哲学、教育学、语言学、心理学和社会学等学科的研究成果，探讨语言教学的系统化和程式化规律，并谋求语言教授和学习效率最大化的科学。其研究重心是运用怎样的教学模式、方法能使语言学习的效率最优化。英语教学法的研究可以分为三个层次：宏观层、中观层、微观层。[①] 宏观层是指有关英语教学的系统理论和观念。这些理论和观念支撑、指导着语言教学的具体行为，以隐性形式存在于教师的头脑中。中观层是指某些系统化、规律化的教学模式或固定"套路"，以显性形式出现在课堂上，是教师教学行为的总体性概括和描述。例如，3P教学法（Presentation，Practice，Production）、IRF教学法（Initiation，Response，Feedback）、PWP教学法（Prereading，While-reading，Post reading）等。微观层是指具体的教学技巧，如学习词汇时可采用造句、编故事、接龙等形式。这些小技巧常常体现了教师的创造性智慧。在这三个层次中，中观层是教学法研究的核心。不同的教学模式往往是不同教学理念在实践中的具体表现，同时也反映了不同的教学技巧的融合，所以对教学模式的研究可以验证教学理念的实践效果如何，验证教学技巧的匹配性和功用性如何。

（一）教学法发展历史

历史上教学法的发展通常受到两个因素的明显影响。一是经济社会的发展，对外语运用提出了新的要求；二是相关学科的研究有了新的突破，尤其是在教育心理学和语言学方面的研究成果，都会直接带来外语教学法的革新。教学法在英语中有approach、method、style几种说法，在汉语中可称为教学方法、教学途径、

---

① 肖礼全.论中国英语教育的发展趋势[J].山东师范大学外国语学院学报（基础英语教育），2006（6）：3-10.

路子、教学模式、教学流派等。为了叙述方便，本章在总结历史上出现的有影响的教学模式时，统一用"教学法"这一术语来陈述这些教学模式的产生背景、教学理念和具体教学过程。

（二）知名教学法

1. 翻译法

翻译法可以算作最古老的外语教学法了，它起源中世纪欧洲的拉丁语教学，用母语对外语进行翻译来教学，所以母语在课堂上出现的频率相当高。翻译法的理论依据是机械语言学，认为一切语言都起源某个"种语言"，所以不同的语言实质上都遵守着同一核心语法规则，表达着同样的思维意念，语言中的差别仅表现为语音和形式上的不同。因此，外语教学只需教会学生外语中的词汇对应母语中的哪些词汇即可。逐字逐句地直译就是翻译法的核心教学手段。

翻译法在其发展过程中衍生出了侧重点不同的几个分支：语法翻译法、词汇翻译法和译读法。语法翻译法认为语法是学习外语的基础和途径，只有背熟了语法规则和例句，才能阅读、理解和翻译外语。词汇翻译法的目的是培养学生的阅读能力，反对孤立抽象的学习语法，主张通过课文的阅读和翻译学习词汇和语法。译读法是将语音、语法、词汇教学相结合，着重培养学生阅读与翻译能力，兼顾听说，不绝对地排斥口语训练。

翻译法的优势在于，在教学中由于重视阅读、翻译能力的培养和语法知识的系统传授，学生的语言学习能很快入门。其缺点在于，该方法过分强调语言知识的传授，忽视了对学生语言技能的培养，使用母语作为教学的媒介语言，减少了外语练习的机会，导致学生的听说能力无法得到有效训练。而且不同语言间的词汇并不完全一一对应，逐词直译有时无法表达原义，这样的翻译教学有时会误导学生造出一些合乎语法，但语义不明、语用混乱的句子。此外，掌握一门外语的终极标准应当是学生能将外语的音、形与其所指事物、意念对应起来，而不是借助"心译"变成"母语"后，用"母语"的音、形来对应所指的事物、意念。所以从这一角度来看，翻译法正把外语学习引向歧途。

2. 直接法

直接法又称自然法、口语法，是指在教授外语的过程中，直接用外语进行讲解训练，不使用翻译，也不进行系统全面的语法分析的一种教学方法。其教学重心与语法翻译法完全不同。直接法产生的依据如下：一是语言运用是一种习惯，习惯的养成要靠大量的重复练习和模仿；二是语言是工具而非知识，要通过练习来掌握；三十句子是交际使用的最小单位，应当成为语言学习重点；四是从口语入手学习语言符合语言自然习得的规律；五是使用外语来教授外语，能提高外语的复现率，防止遗忘；六是在外语词汇间建立联想是强化长时记忆的基础，使用外语教学，能帮助学生建立更多的联想。

直接法的教学设计模仿了幼儿学语的自然过程，其基本原则如下：

一是直接联系原则。将外语与它所代表的事物或意义直接联系起来，禁止以"母语翻译"为中介。使用母语只停留在"讲"的阶段，包括讲解无法用外语解释清楚的新词，讲解发音部位、语法规则，检查学生理解的情况等，对于"练"的部分，禁止使用母语。

二是句本位原则。将单词、语音均放在句子中学习，学生学完一定量的句子后，按"类比""替换"方式构造新句子。

三是模仿为主原则。以模仿多练为主，语言理论放在其次。

四是采用归纳教学法教授语法，即先对语言材料进行感性认识，再从中归纳出语法原则。

五是口语领先原则。在整个教学过程中贯彻先听说、再读写的原则。

直接法的优越性体现在对听说的重视上，使学生感觉学到的语言非常实用，容易获得成就感。而且直接法有意识地模仿语言自然习得的过程，使语言学习不再是枯燥乏味的死记硬背，而是生动有趣的口语交流。但直接法的局限在于，只适用于基础阶段的外语教学，而且对语言习得过程的模仿，也往往受到环境和资源因素的限制，效果可能达不到预期。

3. 听说法

听说法是以听力技能和口语技能的训练为重点，通过对语言结构的分析和模仿，句型结构的变换和操练，达到语言表达流利的一种教学法。听说法的理论基础是结构主义语言学和行为主义心理学。结构主义语言学认为，每种语言都有自己的结构特征，对这些特征进行分析和描述是掌握一门语言的必经之路，因此语言结构分析、句型操练和对比是结构主义语言学在教学上的经典之作。行为主义心理学把教学过程归结为刺激—反应—强化，认为重复的操练能导致语言的自动化反应。

听说法教学的基本原则如下：先听说、后读写；通过对固定句型的反复模仿、记忆、操练达到语言运用的自动化；限制母语使用，排斥"心译"过程；通过对母语和外语之间，外语各表达方式之间的结构对比，确定教学难点；发现错误立刻纠正，培养正确的语言习惯；充分利用外语音像资料开展教学。

听说法的意义在于奠定了结构主义语言学在外语教学中的地位，开创了以句型操练为中心的教学，推进了语言实践性学习，将音像技术等教学手段引入外语教学。但听说法的缺陷在于，过分夸大了刺激—反应行为的作用，忽视了学生作为"人"的认知能力，导致学生只会背诵句型，不懂灵活运用语言。此外，听说法对句型的过分关注，使其忽视了语言的内容和意义，造成学生说出的语句，可能结构正确，但不合情境。

4. 情景法

情景法的教学步骤是首先用音像资料导入某一情景中发生的语言活动，然后引导学生对这些语言活动进行感性认知，再由教师对其进行详细的讲解帮助学生理解。当学生已充分理解了这些语言材料后，便进行语言的模仿和操练，最后让学生能在相似情景中灵活运用学到的语言。情境法的产生吸取了听说法和直接法通过实物、实景开展教学的优点，弥补了孤立的句型操练等缺点，将重心放在语言的整体运用和学习上，从设计思路上说，要优于听说法和直接法。

支撑情景法的教学理念是，人们总是在一定的情景中展开语言交际活动。身处不同的情景，面对不同的交际对象，谈论不同的话题，就会有不同的表达方式、语言策略和交流心态。在情景中培养学生的语言能力，使学生充分感知运用语言交际时的真实场景，能培养他们整体的语言观和语言交际观，使他们在真实的语言情景中体会到语言运用的技巧。此外，由音像资料设定的情景会产生刺激，不需要母语的翻译，学生便能直接将外语与概念建立联系，再通过模仿便可用外语表达思想。这种排除了翻译中介的学习方式，能有效培养学生直接用外语表达思想的能力。

情景法教学的基本原则：在情景中呈现和学习语言；让学生从整体感知语言发生的情景和表现方式，把握语言运用的结构；分析语言结构时，从情景分析入手,逐步深入语篇、句子、词汇的学习;排除翻译和文字的中介,直接用情景口语作为学习的基础;生活中常用情景和词汇是教学重点;在听说的基础上,开展读写的教学。

情景法的优势在于,将语言置于其发生的情景中,使语言和其所指的概念,不需要其他中介便能建立联系,极大地提高了外语感知程度和学习的效率。学生在经历大量的口语和听力情景训练后,再开始阅读和写作的练习,用以巩固已经学过的语言知识,符合人类学习语言的规律。但其过分注重整体把握,对于具体的语言结构和词汇缺乏细致的讲解,使学生语言表达的准确性欠佳。此外,情景的选择往往过于随意,缺乏逻辑性,难以保证语言材料循序渐进的特质。

5. 认知法

认知法的出现源于人们对行为主义的刺激和反应联结的批判。认知心理学认为,学生在学习语言时,并不是简单被动地执行刺激—反应的过程,而是积极地运用自己的感知、想象、判断和推理能力对知识进行有选择、有逻辑的吸收和储存,所以认知法教学就是要充分调动学生的这些主观能力,提高学习效率。

认知法的理论基石源于皮亚杰的"发生认识论"。皮亚杰认为人的认知过程是 S—(AT)—R 的过程,即一定的刺激(S)被个体同化(A)于认识结构(T)之中,才能对刺激(S)作出反应(R)。[1] 所以对语言刺激作出何种反应,取决于这个刺激如何被同化到已有的认知结构中。按照这一思路,语言学习就不是一种单纯的模仿、记忆过程,而是以规则为基础的创造过程。教师的作用就是为学生创造活用规则的机会和情景。

认知法教学的基本原则:充分调动学生的兴趣;强调在理解的基础上进行操练;强调进行有意义的学习和操练;主张听说读写齐头并进;不排斥母语的中介作用;对错误进行原因分析和针对性指导;广泛运用多媒体教学手段增加感性认知。

认知法的意义在于提出了学生的认知水平对外语学习有重要影响,让人们把视线从单纯的对语言的研究,转向对学生的研究,开始关注以学生为中心的教学。但这一方法在强调知识理解和能力提升的同时,往往容易滑向另一个极端,即过分强调语言知识的掌握,而忽视了对学生语言技能和习惯的培养,造成学生对某些习语和俗语等结构不规则的表达难以理解。

---

[1] 章兼中. 外语暗示教学法 [J]. 外语教学与研究, 1983 (1): 60-64.

6. 交际法

交际法源自功能法，在从功能法演化为交际法的过程中，经历了功能法、意念法、功能意念法、交际法几个阶段。但其核心理念始终是培养学生的交际能力。交际法的理论基石是社会语言学和心理语言学。乔姆斯基用语言能力和语言表现来区分语言的两个不同方面。语言能力是语言规则的内化知识体系，语言表现则是语言实际运用的状态。外语教学的目的不仅要教会学生掌握语言规则和语言技能，更重要的是培养学生运用语言完成交际的能力，所以语言表现应当在教学中占据相当的权重。社会语言学认为，语言的社会交际功能是语言最本质的功能。著名语言学家韩礼德从语言运用的角度提出语言有三种功能：认知功能、建立和维持人际关系的功能、连贯脉络功能。后两种功能恰恰是交际法要强调的。

心理语言学认为，人类的思维具有共同性和普遍性。人们运用语言进行交际有两个步骤：运用语言表达什么思想，即内容；怎样运用语言表达思想，即表达形式。内容就是意念，表达形式就是表达方式。交际法的出发点就是要在交际活动过程中表达意念。

交际法的基本原则：一是语言教学的首要目的是培养学生用外语交际的能力，所以语言的流利性价值高于准确性。二是对待错误不必纠正，错误是学习语言的必经之路，可以通向正确的途径。不完善的交际，只要是有效的，都是有价值的。三是教学过程交际化，课堂即模拟的交际场所，课堂教学就是一个语言交际训练过程。四是综合训练交际的各个方面，听说读写全面推进。五是采用外语教学。

交际法以达成交际目的为首要原则，强调语言的功能，使人们把语言学习的目光转移到语言使用和学习语言的目的上来，对于培养学生交际的流利性和激发学习动机有较好的促进作用。但是交际法对于初学者学习外语则不一定适用。因为学生没有基础的语言知识，几乎无法用外语开展交际。而交际法的不纠错原则，使他们的语言错误得不到及时的纠正，必定影响其语言水平的提高。如果是在外语环境中用交际法学习，即使教师在课堂上不纠错，学生也会在生活中接触到各种正确的表达，这些地道的表达就已经是一个完美的隐形纠错机制，会帮助学生学习和改错。在母语环境下学外语，课堂纠错是学生改正错误最重要的途径。

7. 沉默法

沉默法是由英国的数学家兼心理学家凯莱布·加特诺（Galeb Gattegno）于20世纪60年代初首创，是指在教学过程中，教师除了示范新的语音、词汇、句子，还应尽量保持沉默，借用简单直观的教具，如图片、实物、音视频等来引导学生完成各种各样的活动。心理学原理是最佳的外语学习方法，必须培养学生在使用外语过程中的独立性、自主性和责任心，使学生养成碰到问题自主解决、对于新的语言表达积极尝试、自主纠错等一系列良好的自主学习习惯。沉默法认为无论是对新的语言知识和技能的掌握，还是对错误的意识和改正，教师都不能替代学生，教师只能起指导和引导作用，而学生才是真正执行的主体，所以应当让学生自己去探索和尝试，建立自己的语言学习习惯和体系。

沉默法的基本原则：一是"学"的地位高于"教"，在教学过程中教师主要负责示范和情景准备，而语言的实践则由学生自主完成；二是教师"少说话"，课堂教学以学生活动为主；三是口语领先，教师用直观教具培养学生的口语表达；四是教师基本不纠正学生所犯的错误，培养学生在与人沟通中发现错误，建立内在纠错体系的能力；五是排斥母语的使用。

沉默法的优点是重视学生自主学习能力的构建，把学生的"学"放在比教师的"教"更重要的位置，充分调动学生的积极性，让课堂成为学生的课堂，成为学生实践和尝试外语的场所。但沉默法的缺陷在于，教师可能对某些学生无法意识到的错误不加以纠正，使这些错误有"石化"的危险。而且教师过分地保持沉默，使得对某些语言知识讲解不够，有可能导致学生的误解和误用。所以教师在输入新的语言知识时，还是应当保持一定的话语量，只有当学生的水平已经达到一定程度，可以自主处理所学的语言材料时，才可以保持沉默。

8. 全身反应法

全身反应法是一种通过动作来学习语言的方法。教师先教会学生某些句子对应的动作，然后由教师发出指令，学生完成对应的动作。该法由美国心理学教授詹姆士·阿歇尔（James Asher）于20世纪60年代提出，其原理是模仿幼儿学习母语的过程。

全身反应法教学的主要原则：一是听力理解领先，要求学生在进行大量听指令做动作的活动后，再学习口语表达；二是通过身体对语言的反应提高语言的感知和理解能力，使这种理解能进入学生的长时记忆；三是不强迫学生进行口语输出，在足够的听力输入后，学生会自然地输出语言；四是强调营造轻松的学习氛围，让学生在动作中学习，减少学生的紧张情绪。

全身反应法教学的重点不在于纠正学生在学习过程中所犯的错误，而在于帮助学生理解英语、用英语交流，从而帮助学生消除紧张心理，让学生在一个不用害怕挫败的环境中学习。这种动作与语言联动的学习方式，有助于协调学生左、右脑的发展。学生通过听觉来吸收信息，这一行为是由左脑来完成的，而将这些信息用肢体动作表达出来是通过右脑来完成的。但全身反应法无法面对一些复杂的句子和抽象的表达，无法展开深层次的抽象思维，所以只适用于一些基础的句子和表达，适用于基础阶段的外语教学。

上述教学法在外语教学法的历史长河中，只能算沧海一粟，但我们从中也不难发现教学法发展中的一些规律。各种外语教学法流派并不因为产生了新的流派而自行消失，它们取长补短、相互借鉴、共同发展。所以当今任何一种教学法，都不是上述某个单一的教学法，而是汲取了各个教学法的有利因子的综合应用。目前流行的任务法和体裁法就是这样的典型，这两种方法将在下文专门论述。

9. 任务型教学法

任务型教学是在20世纪80年代开始流行的一种"做中学"的教学模式，其理念源于交际教学法，即关注语言教学和交流中意义的实现。

人们对于"任务"有多层的定义。有些学者认为，任务就是要求学生对所获得的信息进行某种思维加工，从而得出结论的活动。教师可以对整个任务过程进行控制和规范。有些学者认为，任务是学生用目的语进行的理解、输出或互动的课堂活动，在这些活动中他们重点关注的是意义，而不是形式。任务本身也可以被看作独立的交际事件，其自身具有完整性。有些学者认为，任务是一整套有差别的、可排序的"问题—解决"活动。这些活动使学生和教师必须从一系列不同的认知和交际程序中，共同努力去作出某种选择。这些选择体现了探索和追求可预见的和急迫的社会目标的集体努力，有助于已有知识和新知识的更新和获取。有些学者认为，任务是推动语言学习的一种安排，如练习、解决问题、模仿或作出决定等。任务的基本特征是具有目标性、内容的规定性、执行的程序性和产生结果的必然性。任务具有五个特征：第一，意义是首要的；第二，有某个交际问题要解决；第三，与相似的真实世界的活动有某种联系；第四，完成任务是首要的事情；第五，按完成任务的结果对任务的执行进行评估。从上述对任务教学法中"任务"的定义可以看出，学者对任务的某些特征基本达成了共识：第一，任务主要是关注意义而非形式的语言活动；第二，任务具有程序性特征，所以一个复杂完整的任务可以分解成若干个具体的小任务；第三，任务具有与现实交际相关的目的性，即任务的设计不是凭空想象的，而是根据现实交际的需要设计的。在理解了任务的性质和特点之后，再了解一下任务教学法的产生背景，以便对该教学法的运用更为准确。

（1）任务型教学法产生的背景

任务教学法是交际法发展的产物。自20世纪70年代交际法形成之后，在世界范围内迅速扩张，受到了各国教育者的追捧，衍生出各种类型的交际法。但这些交际法大体上可以分为两类，一类是强交际法，一类是弱交际法。强交际法认为语言的习得是在交际活动中自然发生的，如同儿童习得母语一样，无需进行有意识的语言结构学习、语法学习，所以是在使用语言的过程中自然习得了语言。弱交际法认为语言仍然应该被"教"，只是教语言的目的不是为了学习语言知识，而是为了学会使用语言这个交际工具，所以目的是学会使用英语。

首创任务法教学的是珀拉胡（N. S. Prabhu）。他于1979—1984年在印度南部班加罗尔地区的小学主持英语作为第二语言的交际教学改革实验。其课堂教学的具体步骤可分为前任务、任务、后任务三个部分。前任务阶段主要是让学生了解将要完成的任务，输入一些背景知识，调动大脑中相关的语言和世界知识图式。前任务阶段要求学生完成一个信息差任务、观点差任务或推理差任务。后任务阶段是对任务的拓展延伸，提供更多的相似交际情景，供学生进一步操练已学会的语言交际。语言学家对语言结构的归纳是依据"完全形成"的语言能力，与学生中介语语法建构过程中的部分归纳可能并不一致。而任何强加给学生的归纳概括都可能有害无益。虽然这种强交际的教学观受到了许多学者的质疑，但任务型教学法带来的两大优势却越来越为广大教师和学者所认可。一是任务教学法中创造的具有真实意义的交际任务，能触发学生形成有效的语言学习机制；二是学生参与有真实意义的交流，能极大地增强学生的学习动机和成就感。

（2）任务型教学法的理论基础

任何教学法的产生和流行都具有一定的理论基础，没有理论支撑的教学法是不可能长久的。任务型教学法也不例外，它受到建构主义学习论和二语习得理论的影响。

①建构主义学习论

建构主义认知理论源于让·皮亚杰（Jean Piaget）关于儿童认知发展的理论。杰罗姆·布鲁纳（Jerome Bruner）和列夫·维果茨基（Lev Vygotsky）对此理论进行了进一步的发展和完善。建构主义理论的核心是，认为人对知识获取并不是来自外部的灌输，而是对外部输入知识进行积极建构加工的结果。任务型教学法的诸多理念都暗合了建构主义学习理论。

第一，在任务法中，教师不再是单向地给学生灌输知识，而是要求学生完成与现实世界相关的任务。学生在完成任务的过程中，不断接受新的外部刺激，其固有的语言知识结构不断接受挑战，打破了原有的平衡，建立新的平衡。在这样的学习过程中，学生习得了新的语言知识、技能及交际技巧。这符合建构主义学习观的运作机制，尤其体现在学习动机的提升、个体与知识间的双向互动方面。

第二，建构主义的知识观认为没有绝对纯客观的知识，个体的知识结构保持着动态平衡状态。这就意味着学生交际过程中所犯的语言错误，也是其知识结构的一部分。错误并不是不可改变的，它将随着新知识的进入而发生变化。教学以完成交际任务为目的，只要不妨碍交际的错误都可以忽略。那些妨碍交际的错误，由于其不可回避的特点，学生往往需要通过重复、询问、求证等多种方式，经过反复交流，最终得以自我克服，或至少意识到这一错误的存在，从而构建了新的中介语体系。

第三，建构主义的教学观倡导学习环境的构建，认为"情境""协作""会话"和"意义建构"是学习环境中的四大要素，这与任务型教学法要求的学习环境不谋而合。在任务型教学法中，交际事件和交际情景的挑选都与真实世界的情景密切相关，学生在这样的情景中容易产生交际冲动，进行有意义的语言建构。而为了完成交际任务，学生不仅要进行个体间的协作、小组间的协作、师生间的协作，有时还需要走出校门，与社会成员进行对话。这样建构的语言交际能力是全方位的。意义建构是指学生获得的新知以图式形式长期建构在大脑的知识结构中，这是学习的最终目标,也是任务法所真正追求的目标。任务法所提倡的亲身经历、亲身体验的方式有利于语言知识的长期记忆,能够培养学生的创新思维,使其主动探索语言交际的规律。

第四,在任务法中,教师的角色是任务设计和完成的协助者,这改变了传统的知识主宰者形象,这与建构主义要求师生共同完成知识建构的理念是一致的。教师的主要作用是激发学生的学习动机,激励学生在完成任务的过程中,积极尝试各种假设,在对假设的验证中,提升自己的语言能力。由于任务的执行要求学生自主完成,所以对培养学生的自主学习能力、创造性能力、将知识外化为实践的能力,以及自我反馈能力都有积极的意义。

第五,任务法的评价标准是以任务的完成为标准,语言知识的量化评价不再是唯一的标准。任务的结果、执行任务的过程都将影响最终的评价结果。评价的内容也不是单一的语言能力,因为任务的完成涉及相关主题知识、人际交往技能、协作能力等各方面因素。参与评价的主体除了教师也可以是参与任务过程的其他人员,他们对任务完成的评价也有较重的话语权。

②中介语理论

中介语是指学生在学习二语或外语的过程中,随着语言知识的积累而自创的一些介乎于母语和目的语之间的语言表达,这些语言虽然不是完全正确的目的与表达,但它表明了学生的外语向目的语逐步进化的过程,因此研究中介语的结构和特征对分析外语习得过程非常有意义。在中介语理论中,与任务型教学法相关的假设主要有以下三个方面:

A.中介语是一个独立的系统。学生的中介语系统既不同于其母语系统,也不同于其目的语系统。它既受到母语迁移的影响,也受到目的语规则的影响,其演化路径是一个不断偏离母语,靠近目的语的过程。中介语系统实质上是学生的"错误语言"系统,它反映了学生习得语言时的一些思维习惯和知识建构规律。在任务型教学中,教师对学生在交际事件中出现的语言错误采用宽容的态度,鼓励学生大胆地尝试,使学生的中介语系统得到了充分的暴露,便于教师捕捉到一些共性或系统性错误,从而进行有针对性的讲解,使学生意识到并改进这些错误。

B.中介语是一个动态变化的系统。中介语的改变动力来自对语言的不断假设—尝试—反馈,通过反馈来修正中介语系统。任务型教学法改变了传统的灌输方式，为学生提供了更多的试错机会。在执行任务的过程中，学生会利用已学会的语言进行有意识或无意识的交际尝试。如果得到了期望的反应，便习得了这一表达。如果失败了，学生一定会尝试其他的语言表达，调动其中介语系统中的其他变量，直到其得到应有的反馈。在这一过程中，其中介语系统一直处于高度紧张状态，各种变量都处于准备尝试的状态。应对每一次错误的反馈，中介语系统都会作出相应的改进，使其不断趋于正确。

C. 中介语"石化"的消解机制。只有5%的二语习得者可以达到母语使用者的水平，而绝大多数的学生都会出现"石化"现象，即二语习得的停滞，某些错误的顽固存在无法改进。成功的语言学习者在学习语言时激活的是潜在的语言结构，即类似母语习得的天赋的语言能力。这种潜在的语言结构在"青春期"前容易被激活，而在"青春期"后随着学生普通认知能力的提升，更倾向利用普通认知结构潜在的心理结构来解决问题，潜在的语言结构便逐渐被抑制，因而出现语言学习"石化"的现象。因为语言是千变万化的，是不可能用一般的认知做完全逻辑化解释的。如果关于石化的上述假设成立，那么意味着在学习中，学生应该尽量沿袭幼儿学习母语的路径学习外语。在任务型教学中，创造真实有意义的交际任务便为学生提供了类似母语交际需求的情景。而教师对错误的宽容，为学生提供了幼儿学语同样宽松的氛围，使学生能够大胆进行语言尝试。

③输入假设

关于可理解性输入的假设说明，只有略高于学生目前语言水平的输入才是可理解的，而且才有利于促进学生的语言习得。过高和过低的输入水平都不能触发语言习得。在学生习得语言的过程中，情感过滤也有较大影响。积极的态度、兴趣等可以提高习得的效率。学生所接触的语言材料的输入，不一定都能"内化"到学生大脑已形成的语言结构中。对于输入的语言，哪些能内化为习得的语言，取决于学生的"内在大纲"，而不是教师或语言学家认为的"外在大纲"。也就是说，外在大纲规定的内容和课堂上学习的内容是否被学生所吸收，是由学生自身对语言的习得顺序决定的，而不是其他人所认定的顺序。

从上述输入假设中可以得出一个重要的结论，就是语言学习必须关注学生自身的语言水平、兴趣、内在习得顺序，即关注学生本身。这正好与任务型教学法的基本理念相吻合。任务型教学法的起点就是调查学生的需求，按照学生需求来确定任务的目标、类型，使学生对即将到来的语言学习，处于一种"有准备"的状态。这种准备不仅是语言上的，同时还应该是交际任务上的。对于即将进行的交际背景、对象、方式都有一定的了解。这样才能确保学生在完成任务时，真正习得语言、学会交际。在对任务内容的排序上，不仅要考虑语言难度的排序，同时对于交际任务难度也要进行由易至难的排序。

④互动假说

在交际过程中，当双方的交流发生困难时，会采用各种语言或非语言手段进行沟通，以达到交际目标。而在这样的沟通中，语言习得也随之发生了。学生习得新语言的最有效途径是对不理解的部分进行有意义的研讨，并不是依赖教师或教科书对可能出现的困难进行事先预测而作出简化处理。由此可见，在交际中的意义沟通非常有助于语言的习得。

在任务型教学中，学生需要执行的任务包含了大量的、形式各异的互动交流。在这一交流过程中，为了达到沟通、劝服等目的，交际双方必须动用各种语言和非语言交际手段，如语言上的解释、简化、核实、询问、修正、补充等。在这样的交际过程中，学生首先会关注语义表达和沟通的情况，对于一些核心交际词汇的习得会有显著效果。其次，随着学生自我表达要求的提高，句法结构层面的意识会越来越强，当其尝试用转述的形式让对方理解他的表达时，就是最好的结构练习。在这样的任务活动中，学生不可能出现单向授课式教学中那样的注意力不集中现象，所以学习的效果更好。

（3）任务型教学法的设计原则

①任务主题选择原则

在专门用途英语教学中，任务主题的选择非常关键，好的主题能调动学生兴趣，使学生了解专业知识和提高专业语言水平。任务主题的选择一般有以下原则：

A. 与核心目标需求相关

专门用途英语教学设计的第一步就是需求分析，通过详细的需求分析来寻找学生的目标需求，再依据这些目标需求进行大纲设计。大纲中规定的目标需求，对于具体的课程、学生和教师来说，还可以细化和调整。在挑选任务主题时，往往在一个需求目标中，有若干个主题可以挑选，那么就必须确定谁是核心的目标需求。例如，在广告英语教学中，从广告专业的主干课程来看，有广告学理论、广告实务、广告传播、广告史等。如果蜻蜓点水般地从这些课程中寻找主题设计任务，虽然覆盖面较广，但重点不够突出。学生可能感到什么都沾了边，但好像什么都没学到。所以不如针对学生具体的核心需求，采用以点带面的办法来设计任务主题。具体来说，对于广告专业本科生，因为其核心需求应该是广告实务方面，所以不妨以广告策划为课程的总任务，分为广告环境分析、策略选择、创意策划、媒体策划、营销策划、效果评估和预算几项子任务。在这些子任务中，穿插其他主干专业课程的英语知识点。

B.体现多样性的语言训练

由于专门用途英语课程的重心不是专业知识学习，专业知识只是帮助教师设计课程、挑选内容、把握方向时的一个指导性的框架。课程的具体内容和训练的重点目标还是语言，所以关于语言的设计必不可少。虽然任务的主题是按照专业内容来确定的，但任务执行的具体内容则体现了语言训练的特色。例如广告英语中的媒体策划任务，如果训练的核心是阅读，则教师可以提供给学生一些文字材料或者让学生收集一些文字材料，通过对这些材料的分析、讨论，确定自己的媒体购买方案。如果训练的核心是听说技能，则教师可要求学生进行角色扮演活动。一方是媒体，另一方是广告公司，并讲解相关的谈判知识、内容知识，然后由学生出具谈判方案，并实施谈判。所以即使同样的任务主题，也可以有不同的语言训练形式。在整个课程安排中，尽量使语言训练形式多样化，并尽可能地再现真实世界的任务场景。

C.保持与学生兴趣的高度相关

从建构主义学习观来看，学生是学习的主体，教学应当以学生的学习为中心，所以激发学生的学习动机对于语言知识和技能的建构有非常重要的意义。语言学界认为情感过滤机制会影响学生从输入中的习得。较低的情感过滤，即良好的情绪有助于学生的习得。所以任务主题应当能吸引学生积极地参与任务。但需要注意的是，一些所谓经典的主题并不一定能吸引学生的兴趣。比如，从专业内容上说，有些经典名著的理论，学生可能在专业课上已多次学过，在专门用途英语课程中再用英文学习一次，可能就会厌倦。还有一些语言活动形式，如辩论等，在一般应用课程上也已经多次练习过，缺乏新意。所以怎样将内容与学生的兴趣结合起来，考验着教师的创意智慧。

②任务难度排序原则

任务难度排序应当由易到难。但对于什么样的任务是简单的任务、什么样的任务是难的任务，在目前的研究中，还没有找到令人满意的答案。按照任务类型来划分任务难度，以现有的实证研究来看，似乎没有一致的答案。不同学者关于个人任务、解决问题任务、陈述型任务和做决定任务的难度排序都不尽相同。这可能由于各项实证研究中的任务前准备、学生的背景知识、任务条件、任务结构等不相同所致。如果这个推论成立，那么任务的难度排序就不应该从任务类型的角度进行，而应该从影响任务完成的相关因素角度考虑。学生在完成任务时，提供的相关信息越多，相关条件越好，任务的难度就越低，反之则越大。这类似人们在日常生活中对任务难度的判断。在生活中，即使用母语完成任务也存在任务难易度问题。从这个意义上来说，简单的任务就是提供了更多相关帮助的任务，难的任务就是需要自己寻求更多的相关信息、承担更重的认知负担的任务。那么在课程安排中，前期的任务应该尽量多地提供辅助材料，而后期任务则应要求学生自行完成信息收集。

此外，有研究表明任务难度与语言表达准确性和复杂性之间没有明显的相关性。也就是说，语言水平较高的学生在语言表达的准确性和复杂性方面仍然受到任务难度的影响，任务难度的效应并没有随着学生语言水平的提高而消减。这从另一方面再次证实了任务难度取决于完成任务的条件。

但专门用途英语课程中任务的难度因子不仅与任务本身有关，与语言因子还是有一定的相关性的。学生在执行交际任务时，其语言能力可以从流利性、准确性、复杂性三方面衡量。流利性通常指学生在语言表达的过程中没有出现不合适的停顿或断续的语言输出。准确性指学生输出的语言与目的语的输出目标达成一致的程度。也就是说，如果学习者的输出与目的语的输出在语法、用词等语言要素上，符合目的语的规则和表达习惯，可以完成交际，那么这样的输出就是准确的。而语言表达的复杂性则表现在结构、用词、表达方式、陈述内容深度等多个层面。

学生在执行任务时，其注意力资源是有限的，所以语言输出的流利性、准确性、复杂性三者不可兼得。语言水平较高的学生，由于其部分语言表达已脱离被控制表达，而达到了自动化的程度，所以其可以分离出更多注意力关注语言形式，因而其语言表达的准确性较高。但无论语言水平的高低，通常会出现下列情况，即学生在口语表达中，由于思考时间有限，反馈压力迫切，往往会忽略准确性和复杂性，而满足流利性的要求，以保证交际的顺利进行。在执行书面语写作任务时，没有了流利性的要求，学生会在准确性和复杂性之间作出权衡。保守的学生更倾向于准确表达，害怕出错；激进的学生则喜欢尝试新的表达，更愿意追求复杂表达方式。教师在设计任务时，应综合考虑这三个因素。流利度要求高的任务，准确性和复杂性要求就应相对低一些，而复杂性要求高的任务，准确性就可以降低些，让学生循序渐进地提高这三个方面的能力。也可以针对学生的特点，有意调整三歌因素的难度。但总体的难度排序，应以这三个因素的综合难度为准。

③任务执行环境设计

建构主义学习论认为，"情境""协作""会话"和"意义建构"是学习环境中的四大要素，成功的学习离不开这样的环境，任务的执行也不例外。首先，就"情境"而言，创造真实的任务环境，使用真实的语言材料，甚至在有条件的时候邀请真正的业界人士参与任务，这样才能为学生创造良好的任务环境。例如广告英语课程，邀请在外国广告公司的职员介绍他们工作的模式，并组织简单的模拟提案研讨，会让学生体会到任务完成中许多真实的细节，而这些细节对他们将来的工作影响深远。其次，一些非课本、非书面、非常规的专业行话的表达，也使学生甚至教师受益颇多。所以，情境创设的第一要义是"真实"。最后，为了简化任务，也可以在情境中为学生提供更多的辅助，如资料、人员、场地等。

"协作"与"会话"是任务执行的核心，只有在此基础上，学生才能完成意义建构，有利于协作与会话的环境创造，其中环境创造主要是指软环境的创造，比如营造一种课堂或课外交流的氛围，学生在这样的氛围中，能减轻语言表达的焦虑感，激发语言表达的冲动，调动任务执行的兴趣，并主动和自觉地用英语完成必要的交流。人的从众心理在维持用英语完成任务的活动中，能发挥较好的作用。在每个任务小组中，有几个积极、热情、英语水平较高的学生起到领头示范作用，能很好地带动其他学生。另外，设计一些必须与非母语人士进行口头或书面交际的任务，也是促使学生进行协作和会话的极佳方式。

④任务总结

任务总结环节旨在促使学生对整个任务的过程进行反思，复习已经学过的专业表达和词汇。由于总结要求学习者以书面形式上交，所以也锻炼了学生的写作能力。

该任务模式的优点具体如下：

A. 学生的听说读写技能得到了充分的锻炼。

B. 在注重交际的同时，注重对语言形式、新的专业词汇的学习。

C. 学生接触到了大量与任务主题相关的真实专业材料。

D. 激发学生的学习兴趣。

该任务模式的不足具体如下：

A. 对教师的各方面能力提出了较高的要求，如果没有相关的专业知识，难以驾驭该模式，因为学生的专业知识可能远远胜过教师。

B. 即便课堂上有很多专注语言形式的练习，但学生的热情可能更多地停留在专业任务层面，有可能对语言习得带来弱化的影响。

C. 将语言知识和技能的学习逐一分散在任务的各个环节，缺乏系统性构思，学生在回顾总结时，会觉得缺乏系统性。由此可见，理想的任务模式应在任务的执行中，这样一来语言也可以得到系统化的训练。

（4）任务型教学法的操作模式

任务型教学法自从创立以来，国外学者就对其具体的操作模式进行了积极的探索。比较经典的如前任务（pre task）、任务环（task cycle）、语言焦点（language focus）三步模式。前任务阶段的工作是提供与任务相关的背景知识，使学生了解任务的主题、意义和基础知识，激发学生的任务动机，同时减轻他们完成任务时的部分认知负担。任务环阶段是任务法教学的核心阶段，也是学生进行语言实践的阶段。在该阶段，学生要用目的语执行相关的任务，独立完成交际活动。同时，为了解决任务交际时重流利性、轻准确性的问题，在任务环阶段特别设计了汇报环节，要求学生用准确、正式、严谨的语言，向老师和同学汇报任务的执行过程和结果。语言焦点阶段的目的是帮助学生学习和巩固在任务中出现过的重要语言形式。因为前两个步骤重点都在语义和交际上，学生对语言形式有感性认识，但还没有理性认知。通过语言聚焦的环节引导学生对重要的语言形式进行内化，使学生在锻炼提高交际能力的同时，切实地提升语言建构水平。

国内学者和教师对任务型教学法实践也有自己的心得。丰玉芳和唐晓岩将任务教学分为课堂导入、参与任务、学习新知、巩固新知、操练运作五个环节。[①]其中，前两个环节与前任务、任务环阶段相似，但后面三个环节是对任务过程中出现的语言现象、语言形式和意义表达等进行步步深入、环环相扣的学习，所以这一模式的侧重点为传统的语言教学模式，其任务只是学生感知语言、提升动机的手段。以词汇学习为目标的任务实践，可以总结出结构紧密型任务和协作型任务的教学模式为前期启发导入、自主学习探索、总结汇报三个步骤。前期主要启发学生通过联想，最大限度地输出与任务相关的词汇。当学生已经拥有了足够的词汇量，就可以对任务的执行进行意义协商和自主学习，从而完成任务。最后，学生有意识地总结自己认为重要的词汇和表达。这一模式将过去枯燥的词汇学习变得既有挑战性，又有趣味性。谷志忠在商务英语教学中的实践，更贴近 ESP 教学的真实情况。因为其任务所包含的信息量，需要调用的语言和专业知识都更多，这正是 ESP 任务教学中的典型特征。其具体步骤是：基础知识铺垫、前期任务导入、学生自主学习、分组学习讨论、真实语料点评和汇报总结。[②]这些步骤与国内其他模式的显著不同在于，它对专业交际能力、交际流利性的关注度更高，而对语言形式、准确性的训练要少于其他模式。这从一个侧面也反映出，由于专门用途英语课程的目标需求导向性较强，其语言形式的关注度在某种程度上被弱化。只要交际目的达到了、任务完成了，语言就算合格了。这样的理念利弊并存，"利"在于学生可以从长期外语学习重形式轻交流的误区中解脱出来，发现学习外语的真正意义。因为成年人无论如何努力地学习也不可能达到母语使用者那样的外语水平。那种等"学好"外语再去"使用"交际的想法，是不切实际的，因为几乎永远等不到"学好"的那一天。所以，边使用、边学习才是可取之策。但这一模式的"弊"在于学生和教师很可能从一个极端走向另一个极端，即过分强调交际的流利性，而忽视了形式的准确性。在学生中介语发展中，如果没有刻意的引导和关注，很多语言形式的建构将出现"石化"现象。所以这一模式很可能无法帮助学生突破某些"石化"的建构，而只能是在已有的语言建构中，增加更多的相关链接，使学生更灵活地应用已经学到的各种语言形式。

---

① 丰玉芳，唐晓岩.任务型语言教学法在英语教学中的运用[J].外语与外语教学，2004（6）：35-38.

② 谷志忠.任务教学法在商务英语教学中的实际应用[J].山东外语教学，2006（3）：77-80，85.

随着网络技术的发展，基于网络的任务型教学法也不断涌现。梅斯基尔（C. Meskill）指出技术的发展使合作学习空间被扩大。[①] 网络为学生提供了咨询空间、练习空间、故事空间、创造空间、虚拟世界、对话空间六大支持。基于这样的有利条件，一些网络化的任务型教学法出现了。但其思路大致与前述的教学模式相同，只是在具体操作中，更多地利用了网络提供的便利，如课前任务、课上任务、课后任务三步骤模式。课前任务阶段学生需要进行网上信息搜索、小组加工信息、形成 PPT 格式的课堂报告。课上任务阶段学生要做小组报告、提出讨论问题引导其他同学参与、总结同学的讨论。课后任务阶段学生需要研究延伸性阅读材料，并形成小论文。这一模式有待改进的地方是网络的利用率不高，只利用了咨询空间的一部分，而没有涉及其他空间。其实，利用网络设计真实可行的专门用途英语任务，才是网络的真正价值所在。但对教师和技术支持的要求都很高，不过这应该是网络专门用途英语教学的努力方向。

10. 体裁教学法

20 世纪 70 年代末，一种新的教学法在澳大利亚产生并发展，它就是体裁教学法。随着体裁教学法在西方国家的日益流行，而逐渐成为一种高效盛行的教学模式。与传统教学法相比，体裁教学法的优势在于，它真正关注超出词汇、句法及语篇层面的体裁特点，从这个层面来看，体裁教学法的出现代表着学术界终于出现了一种将语言交流当成一个交际事件来对待的新时期教学法。

（1）体裁

现代语言学研究中关于"体裁"的概念和定义几乎涉及语言交际事件的各个方面。总结国外学者对体裁的定义，可以发现体裁具有如下特点：第一，目的性。具有相同交际目的的言语事件可以划分为同一体裁。第二，程式化。言语交际事件都是按一定步骤和程序进行的，所以相同体裁的事件应当具有类似的程式化特征。第三，内部结构规约性。同一体裁的言语事件具有一致度较高的语言结构特征。第四，限制性。在某一规定社会交际情境中，特定言语事件体现出来的语场、语式、语旨反映了该体裁所特有的语篇模式，这被称为"体裁结构潜势"。也就是说，同一体裁的言语事件具有多个层面的一致性，在体裁范围内发生的交际事件只有符合这些一致性，才能很容易地被同行接受和认可。第五，选择性。体裁的限制

[①] Meskill C. Computers as Tools for Sociocollaborative Language Learning[J].1999.

性并不意味着体裁是一成不变的。体裁同样也有"选择性"特征。受到社会文化因素和语篇参数的影响，人们会在保持体裁基本结构完整的前提下，根据需要创造出自己的语篇，从而使同一体裁的言语事件表现出不同的差异化特征。

国内学者对体裁的研究在十几年间也形成了自己的看法。丁建新总结了社会行为框架（frame）、制度（institution）、家族相似性（family resemblance）、生物物种（biological species）理论对体裁的界定和发展。[①] 把体裁看成社会行为框架，说明它是我们进行社会交际的规范和导向，为交际双方提供了话语范畴、预设语境、预设提问、预设期待和反应。但了解体裁并不一定保证交际的成功，因为社会行为框架并不是社会行为本身。交际的成功还有赖于交际双方其他的语言知识、专业知识等。

体裁作为一种制度，体现的是社会交际模式、文化习俗的建立。体裁的本质是一种文学制度，它是作者与读者群体之间的某种社会契约，其功能是保证某种文化产品被正确解读。将体裁视为制度能带来如下效益：第一，使人们意识到体裁不仅是一种物质产品，而且如同学校、剧院一样，还有自己的产生和运作机制，并负载着某种价值观；第二，使人们意识到个体在社会中的生存实质是一种制度化的体裁生活，人们经常会从一种体裁社区转换到另一种体裁社区，在角色的交叉变换中构建自己的主体性特征。

体裁的家族相似性是指同一体裁的语篇有某种相似的基因特征，但同时也会有基因进化带来的不同特点，由此造成某些语篇是该体裁的核心语篇，而另一些语篇则是外围语篇。这就如同在鸟类中，喜鹊、老鹰是典型鸟类，而鸵鸟、企鹅是非典型鸟类一样；在广告语篇中，杂志、报纸上的广告属于核心语篇，而新闻中隐性广告则是外围语篇。

某些学者用生物进化的异域理论类比体裁发展。异域理论认为有些物种是少数个体从原种群中分离出来到达地理隔离的新地域，并经历独立演化形成的。新的体裁也有相似的发展过程。如博客、电子邮件，就是日记和书信从传统的纸质书面语体中分离出来，移植到网络这一新的领域，发展形成具有独特语言特征的新体裁。

生物学上杂交的概念是解释体裁进化的另一种方式。在生物学上，杂交产生

---

① 丁建新. 体裁分析的传统与前沿 [J]. 外语研究，2007（6）：13–18.

的后代往往比其父体和母体更优良,这就是"杂交优势"。在体裁进化中同样如此,可以称之为体裁杂交。其形式包括体裁混合和体裁嵌入。杂交后的体裁表现出更加丰富的内涵和更为多样的形式。

(2) 体裁分析

体裁分析主要有三大流派,一是以米勒为代表的新修辞学派,二是以斯威尔斯为代表的 ESP 和 EAP 学派,三是以马丁为代表的澳大利亚学派。新修辞学派的研究重心不是在语言的形式上,而是将语言视为社会行为、社会认知的工具,探求其实现社会交际的目的,完成真实世界任务的体裁场合、体裁模式和体裁观念。所以它分析体裁的角度更偏重于社会学和心理学方面。

斯威尔斯对体裁的分析更注重语言形式,既包括对交际事件的目的性分析,又包括对交际过程的程式化分析。它所采用的形式是语步和步骤分析。语步主要说明语篇的目标,步骤表述的是怎样的论述结构才能达成这一目标。具体示例如表 4-1-1 所示。

表 4-1-1 科研论文 Introduction 部分的体裁结构

	语步	步骤
斯威尔斯:1990 科研论文 Introduction	1.Establishing a territory(确立研究领域)	1.Claiming centrality and/or(建立中心议题,并/或)
		2.Making topic generalization and/or(概括论题内容,并/或)
		3.Reviewing items of previous research(回顾前期研究成果)
	2.Establishing a niche(设置合适的研究地位)	la.Counter-claiming or(反面论证,或)
		lb.Indicating a gap(指出研究差距)
		1c.Question-raising or(提出问题,或)
		Id.Continuing a tradition(继承前期研究传统)
	3.Occupying the niche(占据研究地位)	la.Outlining purposes or(概述研究目的,或)
		lb.Announcing present research(通报当前研究状况)
		2.Announcing principal findings(通报主要发现)
		3.Indicating RA structure(介绍科研论文结构)

体裁分析可以通过以下七个步骤完成:

一是体裁的情境分析。选择一篇体裁的代表性文章,通过其内在线索分析,结合自己的世界知识,了解体裁发生的场景、环境和惯例。

二是资料收集。寻找相同或相似体裁的文章，分析其共性特征，了解该类体裁的分析方法和理论，了解该体裁使用者的社会结构、常用交际事件、典型言语事件等。

三是体裁场景和目的分析。了解作者与读者之间是如何完成交流，达成意义共识的。了解该体裁使用者的背景。

四是选择范本。对某体裁的经典范本和大量同体裁的文章进行横向对比分析，并考察同一体裁文章的多样性是如何体现的。

五是体裁的规范性分析。考察该体裁使用的惯例、约束、规则和方法。

六是语言层面分析。包括词汇、语法分析，文本特征和结构分析。

七是咨询行业专家。咨询使用本体裁的专业人士上，以完善自己的体裁分析。

专门用途英语体裁分析不应该局限于文本，而应放在如何塑造合格的专业人才上，如何培养全面的专业能力。按照这一思路，体裁分析应包括五个模块（见图 4-1-1）。

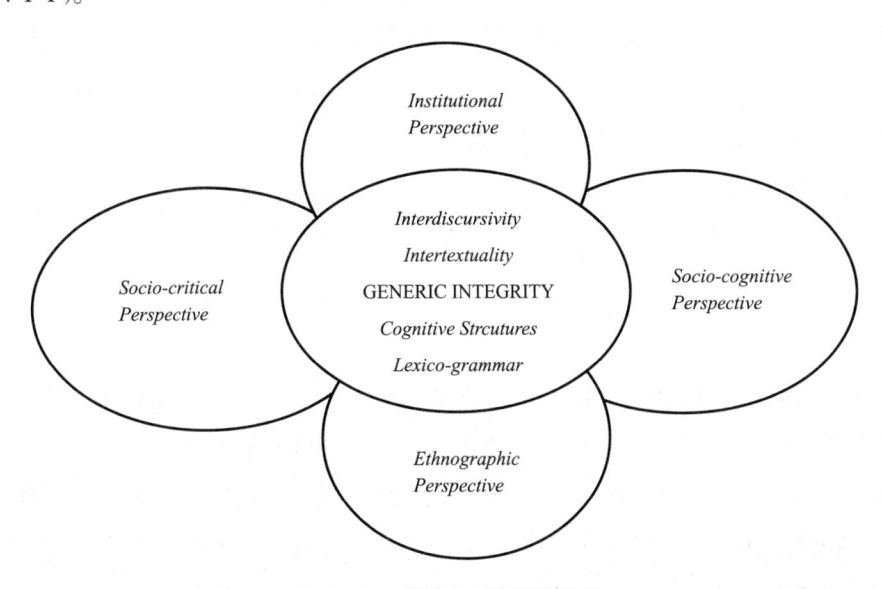

图 4-1-1 体裁分析的模块构成

体裁分析的核心模块是体裁的整体性分析，包括话语间分析、互文性分析、认知结构分析、词汇语法分析四项。另外四个模块分别是制度和体制模块、社会批评模块、社会认知模块、人种论模块。

澳大利亚学派的体裁分析法，受韩礼德的系统功能语言学影响，借鉴了语域理论的相关论点。语域理论认为语场、语旨、语式是决定语域和语篇的三大要素。

不同的语篇面对不同的情景和交际对象，为了达到不同的社会文化目的，必然有不同的构成形式。体裁是一个比语域高一层次的概念。语域规范了句法层面的意义建构，而体裁则规范了语篇和文化层面的意义建构。

某些学者运用"图式结构模式"分析体裁，认为体裁是社会交际中语场、语旨、语式相互作用形成的一个语义集合体，三者共同决定了体裁的规范性特征。

当代体裁分析研究出现了体裁化、体裁的商品化、体裁的技术化、体裁的权力几个新的研究方向。体裁化是指许多社会交际语篇为了体现规范和公正，已经格式化，如应聘申请、业绩考核、评优总结、科研申请等。这种能力可称为专业人士应具备的"体裁化生存能力"。体裁的商品化是指过去没有商品价值的体裁，现在都已附带了商业价值，如有些新闻、电影中的植入性广告，有些科研报告中隐含利益集团的影子等。体裁的技术化是指技术革新带来的体裁进化，如博客、播客、电子邮件等。同时技术也会影响到使用者运用语言和表达的方式，如在网上交流中的简写、符号、表情等，都是新的体裁现象。体裁的权力表现为，流行的体裁往往是权威人士认可的体裁，如杂志的主编可以通过用稿有意无意中规范杂志的体裁。需要审核发表或公布的体裁事件，都带有权力的烙印。

（3）体裁教学模式

体裁教学法是将体裁分析理论主动运用到教学中、使学生意识到体裁的特点，并学会应用体裁规范进行创作的一种教学方法。其目的如下：一是使学生掌握不同体裁语篇所对应的不同交际目的和布局谋篇策略；二是使学生意识到语篇不仅是一种语言建构，而且是一种社会意义建构；三是教会学生分析语篇图式结构的方法、语篇建构过程的方式，从而使学生能够深入理解或撰写属于某一体裁的语篇。在体裁教学法流行以来，国内外学者进行了广泛的体裁教学实践，摸索出一些行之有效的教学模式（见表4-1-2）。

表 4-1-2 体裁教学模式

实践者	体裁教学步骤
澳大利亚学校	（1）范文分析 （2）模仿写作 （3）独立写作
比尔·科普（Bill Cope）、玛丽·卡兰茨（Mayr Kalantzis）	（1）示范分析 （2）共同协商 （3）独立写作
埃文斯	（1）范例分析 （2）模仿写作 （3）独立写作
刘泽华	（1）体裁分析 （2）模仿分析 （3）深入分析 （4）模仿写作 （5）讨论修改
李森	（1）体裁分析 （2）小组讨论 （3）独立分析 （4）巩固练习
韩金龙	（1）范文分析 （2）模仿写作/集体仿写 （3）独立写作 （4）编辑修订
李红梅	（1）体裁知识准备 （2）讨论分析范文 （3）教师总结讨论 （4）学习者讨论分析练习语篇 （5）重排乱序语篇 （6）课后阅读报告 （7）教师反馈
刘丽娟	（1）体裁分析（体裁类型、图式结构、主题） （2）深入分析（语言特点、修辞手段、写作手法） （3）模仿分析 （4）独立分析

续表

实践者	体裁教学步骤
李奇、杨鸿雁	（1）体裁介绍 （2）讨论范文的体裁类型 （3）范文的小组讨论分析 （4）范文的全班讨论总结 （5）同一体裁练习语篇的小组讨论 （6）练习语篇的"语言形象"的全班讨论 （7）练习语篇中实现"形象塑造"的语言工具的讨论 （8）练习语篇的语言风格的全班讨论 （9）全班讨论练习语篇的体裁目的 （10）讨论和操练相关体裁

通过分析上文所论述的体裁教学模式，我们发现体裁教学法往往应用在写作教学过程中，但偶尔也会运用在阅读教学中。从专门用途英语教学自身的角度来看，与一般英语进行对比，体裁法的效益更高，这是由于专门用途英语语篇更具有体裁化特征。学生掌握一类体裁的语言特点和结构形式，便能够较快地了解同一体裁语篇的阅读和写作。这些教学模式的核心流程为范例分析、模仿分析、模仿创作、独立创作，不同模式之间的不同之处在于模仿分析、模仿创作的方式上，其本质就是操练的方式具有多变性。

第二节 专门用途英语教学的评价实施

一、课程评价的标准

（一）"以学生为本"标准

评价专门用途英语课程评价是否科学，标准之一就是是否"以学生为本"。学生自身的学习需要有时会与目标情境的需要冲突，或者目标情境的需要并不足以满足学生的需要，这就要求在专门用途英语课程评价中始终要把学生放在中心位置上。

（二）专业针对性标准

专门用途英语课程评价必须遵循专业针对性标准。专门用途英语课程具有鲜明的目标性、实用性。一般来说，其目标学习群体是将来从事各种专业的专门技术人才，如会计、律师等，他们希望把英语作为手段或工具来学习，以便在必要时能更有效地完成各项工作。从岗位需求和职业需求分析来看，专门用途英语与具体职业岗位紧密相连，表现实质内容的语料载体随不同的专业学科的方向发生变化。学生应掌握职业岗位上所必须具备的英语知识和英语技能。学生在学习过程中不但要学习与他们本专业相关的词汇、常用句型和文体风格，同时还要掌握这些行业内在的知识体系。

（三）真实性标准

专门用途英语课程评价的目的就是检测学生在真实的语言使用环境中的语言行为能力。因此，专门用途英语课程评价执行者应事先了解专门用途英语真实使用者在真实环境中应具备什么样的语言能力、掌握什么样的专业知识、完成什么样的语言任务等来制定评价大纲，为学生创造仿真的语境，使学生了解自己与岗位需求之间的差距，并为以后走上岗位提供可靠的指导依据。坚持真实性原则无疑能保证专门用途英语课程评价的效度。如果条件允许，专门用途英语课程评价机制在评价主体一方应积极引入行业评价，因为社会用人单位对专门用途英语的能力界定也有具体的标准和要求。目标需要是一个动态过程，学生的知识本身就是从企业中来、到企业中去。以学校及企业的标准来进行的评价，建立在相关职业岗位所需的能力或素质基础之上的评价才是与时俱进的科学的评价机制。

二、多元评价模式

有效的专门用途英语课程评价采取过程评价与结果评价相结合、学校和企业合作评价的模式。两种评估模式在专门用途英语教学中不能孤立存在，其目的都是给专门用途英语课程提供反馈，为更好地开展专门用途英语教学提供依据。

与其他语言课程一样，在课程中需要评价学生在各个节点的表现情况，比如在开始和结束阶段，以确保课程是否按计划进行。

学生评价和课程评价不是绝对独立的，学生评价反映的不仅是学生的表现，它从某种程度上也是评价课程的效率。成功的专门用途英语课程是使特殊的学生能用语言从事特殊的任务。如果总是无法达到既定目标，那么课程设计就可能存在问题。要么是目标太大，要么对学生最初的能力分析有误，或教学法不合适。虽然对学生的评价不能确切知道错误在哪里，但至少明确错误的存在，教师就可以用更精确的诊断评价来找出错误。从这个意义上说，以上两种评价对专门用途英语课程的反馈有相似的作用，但每种评价有各自的目的和过程。下面具体讨论这两种评价。

（一）学习者评价

在了解一个理想的专门用途英语测试要求之前，我们需要了解专门用途英语3种基本的评价形式：

1. 定位性测试

定位性测试是把学生放在最适合其需求的专门用途英语课程中进行的测试，这种测试一般在教学的开始阶段进行。定位性测试的目的是明确在专门用途英语课程开始前学生已有的知识情况，知道学生是否需要该课程，如果需要该课程，那么课程形式应该怎样。所以，定位性测试首先是能力测试。如果学生已经达到所需要的技能，就无需学习。其次是诊断性功能，通过测试明确学生离所需能力还差多远，从这点看，该测试有一个形成性价值，因为该结果可以用于构建该学生专门用途英语课程的性质和内容。理想的定位测试也应该揭示积极的因素，它不仅仅揭示学生欠缺什么，它能揭示在专门用途英语课程中应该探求的学习潜力。

2. 成就性测试

成就性测试是测试学生是否跟得上大纲要求并通过课程学习进行调整的测试。这种测试是专门用途英语教师最可能使用的测试，因为其存在的问题最少，是课程内部的东西，无需协调外部影响，能反映课程的性质和内容。进行这种测试必须遵循以下基本原则：

①测试学生已经学会的知识，其不一定与教师教授的内容一致。

②不要依据阅读能力测试写作能力，因为学习者可能能读懂一些东西，但写不出来。

③避免测试中的偏见，如测试内容涉及专业知识或文化知识等。

下面举一个例子：

V. The following is a summary of the first part of the passage. Choose the right word or phrase from the parentheses to fill in the blanks.

Ron and Michelle Riggi 1_____(accused, sued) the City Council for 2_____(imposing, posing) a moratorium 3_____(preventing, prevented) them 4_____(from, of) demolishing the house they bought behind their North Broadway mansion. The house, 5_____(which, that) was built in 1858, stands just 6_____(outside, inside) Broadway National Register Historic District, so it is not 7_____(protected, defended) from 8_____(demolishing, demolition). 9_____(However, What's more), it is identified as a 10_____(contributed, contributing) structure to the historic district. Mayor Scott Johnson believes that the council was 11_____(in, on) "strong legal footing" as the moratorium is not 12_____(targeting, specific) to the couple. The couple had carried out the 13_____(interior, exterior) work at the house by the time they filed for a demolition 14_____(permission, permit). They have not said publicly what they intend to do with the lot if their demolition plans 15_____(prevail, fail).

该测试从以下几点能评价学生对材料的理解。

①包含理解和产出，测试重点是对教材内容的理解。

②这是一个综合性的任务不是一系列分散的测试。在测试课文理解的同时测试一些语言知识、语法知识，如介词、连接词、分词等。

③测试内容与单元内容性质相似，测试的内容是对原文某部分的概述。这样可以测试学生是否理解原文。

④该测试无须专业领域特殊词汇知识（如财产法词汇），所以不测试专业词汇，而是测试普通词汇及学生在上下文中应用该词汇的能力。

⑤进一步测试口头或书面产出的能力。因为接下来是让学生按照这一段的概述对课文其他段落及全文进行概括。

（3）能力测试

这是测试学习者是否能按特殊情况下的要求处理问题。该测试是评价学生是否达到各个阶段语言任务的要求，因此它是有参考标准的。也就是说，测试结果是分等次的，没有及格与否的区别，而是能力程度的差异。等级如下：

9级——专家级：对语言极为精通，能做到准确、精确和流利。

8级——非常好：完全掌握语言，在不熟悉的语境中偶尔有小错误。

7级——好：已经掌握语言，但在一些情况下出现错误。

6级——良好：基本掌握语言，但偶尔出现的误解和不流利会影响交际。

5级——一般：掌握部分语言，但一些误解和不流利会阻碍交际。

4级——能力有限：对语言的掌握仅限于熟悉的语境，但在理解和流利方面的问题使交际产生困难。

3级——能力极为有限：语言能力低于交际标准，但在简单的语境中可以传达一般的意思，在交际中不断出现断裂。

2级——支离破碎：无法进行交际，但单一词汇信息可以传达和理解。

1级——差：无法使用语言，不能提供相关的语言评价能力的信息。

这几种测试内容不一定有差异，一个测试可能用于不同的目的，但在功能导向上是有差异的。比如，三个测试都可用作诊断性测试，也就是测试学生在哪个方面的能力比较薄弱。这个诊断性结果就能用作评价学生课程学习的能力（成就性测试），也能表明学生未来还需要什么帮助（定位测试）。

进行上述测试，我们希望能了解在专门用途英语中这些测试在以学习为中心的方法中起什么作用。测试的价值在于如何使用这些测试。首先，师生要对这些测试有积极的态度，承认其在教学过程中的重要作用。我们不仅仅把测试结果看作一个结束，而更应该看作师生之间或学生之间真正协调和交流的开始。等级的真正意义在于理解测试的原因以及告诉学生未来如何改善。测试可以实现两个功能——评价和反馈。评价可以反映学生对知识掌握的情况，也为师生提供了一个积极的反馈。这样可以在未来的内容中增加重要的输入和方法。从发展的角度看，反馈是测试的重要意义所在。我们要注意尽量淡化对等级评定的压力和恐惧。只有学生积极参与并提供有效反馈，参与探讨评价他们进步的过程，才能使该测试发挥积极的作用。

（二）课程评价

由于专门用途英语的存在是为了满足特殊教育的需要，所以评价就可以帮助了解课程满足需求的实际情况。专门用途英语课程评价要考虑四个主要方面：

一是评价的内容。在以学习为中心的方法中，专门用途英语课程的总目标是满足学生的两个主要需求：作为语言学习者的需求和作为语言使用者的需求。所以评价要围绕这两个方面进行。如果对这两个方面反馈都是肯定的，那么评价成功。如果得到的回答是否定的（只要有一个否定），那么还需要回答以下问题：哪个方面的需求未被满足？在课程设计中是否考虑了未满足的需求？未来如何避免在课程设计中出现这种问题？课程如何做相应的调整以包容到这些需求？如果课程设计中考虑了这些需求，为什么未能实现？错误可能出现在以下哪个方面：大纲、材料、教学法、测试过程、管理安排、课程评价系统？

二是评价的方式。专门用途英语课程评价的方式很多，但通常使用以下一种或多种方式：测试结果、问卷、讨论、访谈和提供非正式手段，如聊天等。

三是参与评价的人员。教学机构、专门用途英语教师和学生等。重要的是考虑到各种具有代表性的交叉的观点。评价主要是关注人们对价值的看法，而人们的观点会因为自己的兴趣而有所差异。这里关键是要让学生给出真实有用的反馈。

四是评价的时间与间隔。毫无疑问，评价次数不能太频繁，因为时间有限。这要据教授课程的个体情况而定。以下时间段比较合适：课程的第一周；整个课程一定的间隔期，如每半个学期；课程结束；如果可能，课程结束后一段时间（学生在目标语境中实际应用期间）。

（三）形成性评价和终结性评价

专门用途英语对于学生的评价可通过结果评价的方式进行。结果评价就是我们通常所说的终结性评价，结果评价一般是通过考试的方式进行。评价执行者是教师，对象是学生。通过考试，教师可了解学生学习的效果，学生的水平是否足以完成将来要求的任务，自己对需要分析是否恰当，同时了解学生对自己教学方法、教学活动的态度。考试的目的是明确学生与目标知识与技能的差距在哪里，还需要学什么、怎么学，同时明确学生在专门用途英语课程中有哪些学习潜力。

因为目标情境需要和学习需要不是一成不变的，因此专门用途英语课程评价是一个动态的过程。单一的结果评价无法考查学生在动态的目标情境中应用相关专业英语知识的能力，这要求教师综合形成性评价及终结性评价两种方式进行评价。过程评价就是我们通常所说的形成性评价。形成性评价通常在学期中进行，学生通过分数、出勤率、课堂表现、交际能力及学习动机等指标给教师提供他们学习情况的线索，以便作出公正的评价。至于过程评价与结果评价的权重比例，则根据专业需求而定。因为不同专业对英语内容的需求是不一样的，对英语要求水平也是不一样的；且侧重点也有不同，有的重交际，有的重写作等。那么在不同专业需求的背景下，教师可以适当调整对各部分能力的考核比重。根据测试的不同目的，常见的语言测试类型有潜能测试、成绩测试、水平测试、诊断性测试、分班测试等。其中，成绩测试是任何一种课程教学过程中必然选择的一种类型，它包括期中考试、期末考试及毕业考试。成绩测试往往综合运用某种教学大纲和相应的教学方法，来考查个别学生或者全体学生在相对较长的某一阶段或者最终阶段学习外语的成功程度。专门用途英语也不例外。专门用途英语的期末考试尤其重要，它可以检测学生从一般英语到专门用途英语课程过渡的过程中学生的学习效率是否得以质的提升。

形成性评价和终结性评价共同决定了课程的学分（见图4-2-1）。

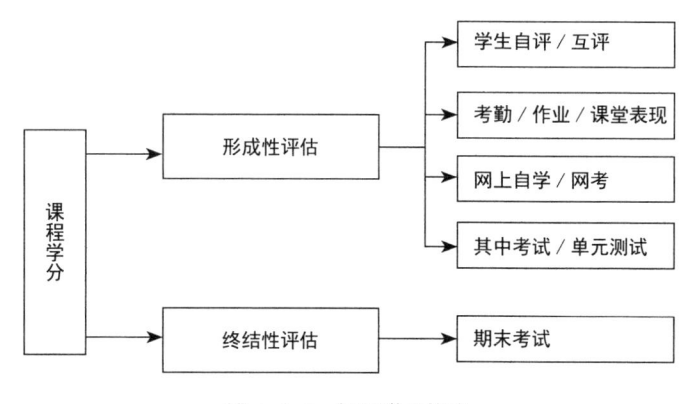

图 4-2-1 课程学分构成

形成性评估的内容应该与课程内容和标准匹配，与多种多样的评估工具结合使用，以便涵盖重要的学习目标和过程，并与教学过程直接联系起来。更重要的是，要设计更多的开放式任务，以保证学生能够进行分析、综合、批判性的思考，应用已掌握的语言技能和知识解决真实世界的问题。专门用途英语形成性评估的设计必须反映的目标是培养学生的英语综合应用能力、增强其自主学习能力、提高其综合文化素养。自主学习是指学生管理自己的学习行为，根据自己的客观情况确定学习目标，制订学习计划，选择学习方法，监控学习过程，并评价学习结果。

以学习为目的的形成性评估理论是以认知和社会情境学习理论为基础，以语言学习认知法和任务型教学法为支撑，将语言学习和认知发展结合起来的三位一体评估模式（见图4-2-2）。

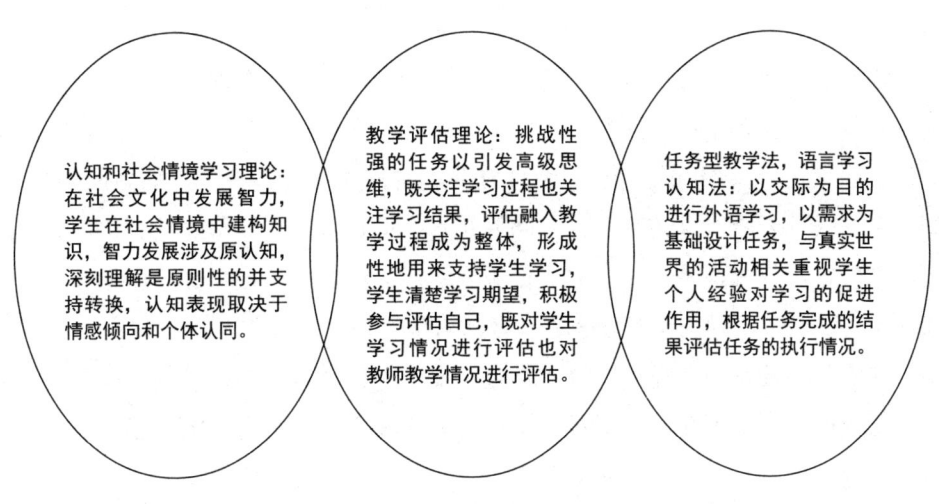

认知和社会情境学习理论：在社会文化中发展智力，学生在社会情境中建构知识，智力发展涉及原认知，深刻理解是原则性的并支持转换，认知表现取决于情感倾向和个体认同。

教学评估理论：挑战性强的任务以引发高级思维，既关注学习过程也关注学习结果，评估融入教学过程成为整体，形成性地用来支持学生学习，学生清楚学习期望，积极参与评估自己，既对学生学习情况进行评估也对教师教学情况进行评估。

任务型教学法，语言学习认知法：以交际为目的进行外语学习，以需求为基础设计任务，与真实世界的活动相关重视学生个人经验对学习的促进作用，根据任务完成的结果评估任务的执行情况。

图4-2-2　语言学习和认知理论相结合的三位一体

专门用途英语形成性评估的特征：个性化特征要求形成性评估设计由学生选择和设定学习计划和学习目标，清楚评估指标说明及等级，记录学习内容和过程，教师观察和评语；协助化特征要求形成性评估的参与者不仅包括教师，还应该包括学生自己和同学；网络化特征要求网络平台记录学生学习档案，包括每次登录学习的时间、学习进度和测试成绩（见图4-2-3）。

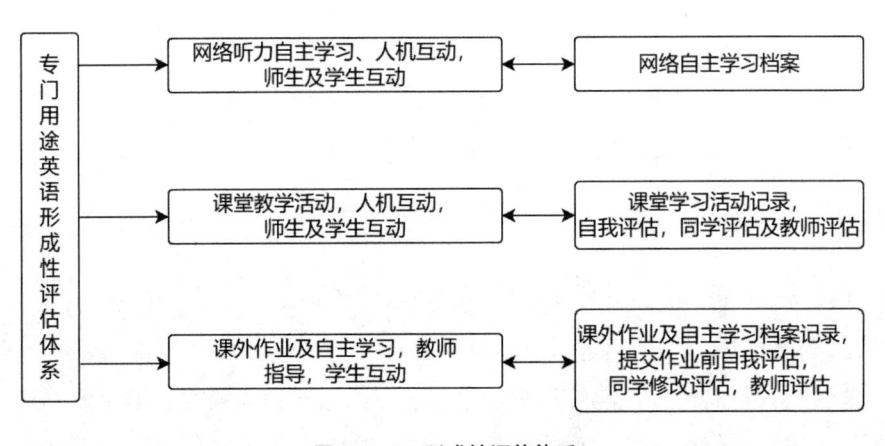

专门用途英语形成性评估体系
- 网络听力自主学习、人机互动，师生及学生互动 ↔ 网络自主学习档案
- 课堂教学活动，人机互动，师生及学生互动 ↔ 课堂学习活动记录，自我评估、同学评估及教师评估
- 课外作业及自主学习，教师指导，学生互动 ↔ 课外作业及自主学习档案记录，提交作业前自我评估，同学修改评估，教师评估

图4-2-3　形成性评估体系

关于形成性评估与终结性评估之间的比例，各占50%比较合适。在形成性评估中，网络自主学习成绩占课程总成绩的20%，课外任务的完成情况占20%，课堂表现占40%，作业的创造性占10%，语言表达的地道性占10%。在口语方面，可以根据任务型语言教学法的原理设计一系列的评估任务，让学生组成小组在课外收集与任务相关的资料，制作课堂展示电子文档。比如在课之前让学生分组收集相关资料，在课堂展示过程中进行口语表达。在这一过程中，学生不仅丰富了知识，还促进了口语训练。学生在课堂演示时采用了多种方式，如新闻联播式、新闻采访式、志愿者宣传活动式、问答式等，形式多样，课堂互动获得良好的效果，学生普遍赞成这种方法。完成任务后，对完成任务的过程进行反思并填写自我评价表、教学活动同学互评表以及教师对学生评价的成绩表。

在课外阅读方面，设计阅读文件包，要求学生从日、周、月到学期乃至学年记录所读的文章或书籍，包括题目、主要内容和重要语言点，撰写读书笔记，每月在小组中分享一次自己的阅读心得。并将班级心得进行归纳归档分享。

在写作方面，根据形成性评估的过程性、协助化特点，建议学生按照以下步骤进行：收集与主题相关的资料—构思提纲—独立写作并填写自我评估表—检查学生互评表—学生自己修改—提交教师—教师评阅—作业讲评及意见反馈。

在听力方面，利用视频和音频手段提高学生语音和辨音能力，强化学生职场英语的听力水平，突破模糊听力对职场环境交流产生的障碍。

形成性评价以促进学生的学习为目标，不以学生的期末考试成绩为依据，而以学生的学习行为表现为依据。因此，鉴于学校生源的不同、学科专业的不同、社会需求的不同，有必要构建符合本校课程特点、能够满足学生发展需求的评价标准。鉴于学习的跳跃性、发展性、迭代性，使用等级评价方式是最好的方式。下面以听力和阅读理解为例，对其等级评价进行描述：

听力分数描述：

优秀：

①通过大量的词汇，在间接的对话反馈或很难预测的情况下能参透中心思想、写作意图和简短交流中基本的上下文内容。

②通过大量的词汇，能参透中心思想、写作意图和拓展的口语交流中基本的上下文内容。在信息未被重复或解释情况下，通过文本串联信息情况下也能成功做到这一点。

③能够理解简单口头交流的细节，甚至在出现否定结构，或使用复杂的语言结构和复杂的单词情况下也能实现。

④能够理解拓展的口头交流，甚至是通过文本串联信息，或信息未重复的情况下实现。在信息被解释或是使用否定结构时能够理解细节内容。

良好：

①有时能参透中心思想、写作意图和简短交流中基本的上下文内容，尤其当词汇不是太难时。

②在信息被重复或解释情况下，能参透中心思想、写作意图和拓展的口语交流中基本的上下文内容。

③当使用简单或中等水平的词汇时能理解简短交流的细节。

④当信息被重复使用或需要的信息出现在文本的开始或结束部分时能理解拓展的口语交流的细节。当信息稍被解释时能理解信息的细节。

合格：

①能理解一个段落中心思想的简单的描述，尤其是使用单句。

②当信息被不断重复或是使用简单的单词时能参透中心思想、写作意图和拓展的口语交流中基本的上下文内容。

③当词汇简单，并且需要理解的文本短小时，能理解简短口语交流文本或是段落描述。

④当所要求的信息出现在文本的开头或结尾，并且词汇与文本相匹配时，能理解拓展的口头交流的信息。

不合格：

①不能理解中心思想、写作意图和简短交流中基本的上下文内容，甚至在语言是直接的，没有意外信息出现时也不能理解。

②在需要通过文本连接信息或是词汇有点困难时不能理解中心思想、写作意图和拓展的口语交流中基本的上下文内容。

③当有词汇困难或语法结构困难时，不能理解简短口语交流的细节，不能理解包含否定结构的细节。

④在文本中间听到所要求的信息时，不能理解拓展的口语文本的细节，不能解释信息或复杂的语法结构。

阅读理解分数描述：

优秀：

①能参透一个文本的中心意思和意图，并能参透细节内容。

②通过阅读理解意思。在事实信息被解释时也能够理解。

③通过全文能联系信息，并且能够在两个相关文本中寻找到相关点。

④能够理解大量的词汇，以及普通词汇不常用的意思或习惯用语。能够区别密切相关的单词的意思。

⑤能理解基于规则的语法结构，也能理解复杂的、困难的、不规则的语法结构。

良好：

①能参透一个文本的中心意思和写作意图，并能参透细节内容。

②通过阅读能理解意思。在事实信息被解释时也能够理解。

③通过文本一些细小地方能连接信息，甚至在文本的词汇和语法复杂的情况下也可以实现。

④能理解中等水平的词汇。有时在上下文中能理解复杂的词汇，普通词汇不常用的意思或习惯用语。

⑤能理解基于规则的语法结构，也能理解复杂的、困难的、不规则的语法结构。

合格：

①能根据有限的文本进行简单的推测。

②能正确定位问题的答案。有时能通过对文本意思稍作解释来回答事实性的问题。

③能通过一两个句子连接信息。

④能理解简单的词汇，有时也能理解中等水平的词汇。

⑤能理解普通的、基于规则的语法结构，当出现语言的其他特点比如复杂词汇或需要连接信息时，能够作出正确的语法选择。

不合格：

①在需要解释或理解信息时无法进行推测。

②当事实信息是通过复杂词汇解释时，理解能力有限。需要依靠在文中找出与问题相同的单词和词组才能理解。

③通常超过两个句子就无法连接信息。

④不能完全理解复杂词汇，以及普通词汇的不常用意思或习惯用语。通常难以区别两个密切相关的词汇的意思。

⑤不能理解困难的、复杂的、不常用的语法结构。

（四）学校和企业合作评价

专门用途英语课程的专业性及职业性决定了其评价过程必须有企业的参与。学生在企业接受相关的专业英语实训，参与企业的生产实践，熟悉企业的生产环节，接受企业的文化价值，在真实的目标情境中，更加自觉主动地了解目标情境的需要，从而有针对性地掌握相关专业的语言知识和实践技能。企业也可以通过参加教学活动，在培养过程中全面实现用人的意图；学生则在"校企结合"中，可以最大限度地接触实际工作、接触未来岗位、接触企业文化。校企结合的评价模式就是对这种培养模式的一种评估和反馈，在评价中，学校通过专门用途英语考试来考查学生对专业知识的熟练程度，通过模拟情境操作来考查学生的动手能力。而企业则根据学生在见习阶段的表现，以及专业知识的运用情况打分。通过这种双向介入的方式来检验学生作为语言学习者的需求和他们作为语言使用者的需求是否得到了满足，或者说在何种程度上满足了学生这两种需要。因此，学校和企业合作评价的模式实现了目标需要与学习需要的统一。通过评估，学校能了解企业对专门用途英语人才培养的质量要求，最大限度地把要求付诸培养方案和教学实施当中，使高技能人才的培养目标细化到每一个具体的教学环节（见图4-2-4）。

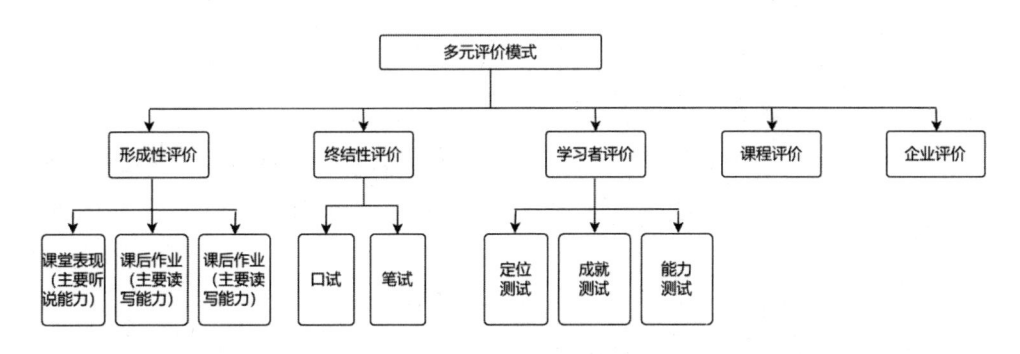

图 4-2-4　专门用途英语多元评价体系组成

第三节 专门用途英语的课堂教学实践

一、国内专门用途英语课堂教学现状

我国对专门用途英语的关注和研究始于 20 世纪 70 年代末，但至今，我国高校的专门用途英语教学和研究在理论和实践方面都尚未取得跨越性进展。国内对专门用途英语的研究大多停留在国外研究理论和成果的介绍上，因此缺乏系统、科学的理论作指导，专门用途英语课堂教学也存在很多问题，教学效果不尽如人意，难以满足社会发展的需求。

（一）学生现状

目前国内专门用途英语学生存在对课程重视不够以及无法跟上学习进程的问题。

国内很多高等院校虽然在大学三、四年级开设了专门用途英语课，但大多缺乏对学生当前英语水平和学习需求的了解。许多非英语专业的学生语言基础薄弱，加上班级规模过大、人数过多，教师也无暇顾及每个学生，而学生自己也受自身语言水平限制无法在课堂上进行有效操练，因而造成学生跟不上教学进度，学习积极性下降。

很多学生无法适应教师的教学方法。一方面，教师和学生的关系大多还处于主导者和被主导者的状态，师生之间缺乏必要沟通，教师既不了解学生的薄弱环节也不了解学生学习的兴趣、需求，最终造成教与学之间的严重断层；另一方面，教师缺乏科学的教学理论作指导，教学方法枯燥乏味，不仅无法带动学生学习的积极性，有时甚至起到了反作用，这些都导致了学生的厌学情绪。

很多学生对专门用途英语教学存在这样的误区，认为只要掌握了专业领域的词汇、语法结构就掌握了专业外语，不必再刻意去听教师灌输知识，通过自学就能完成。

（二）教师现状

国内专门用途英语教学的师资力量比较薄弱，教学任务主要由语言教师和专业教师承担，但是这两类教师均存在自身的不足。

从事一般用途英语教学的教师虽然具有深厚的语言功底、丰富的语言教学理论和实践经验，但往往缺乏系统的专业知识和对学生学习需求的把握。这就造成了教师在专门用途英语课堂教学中仍然采用一般用途英语的课堂教学方法和手段，只对专业词汇、术语表达和句子用法进行讲解，而不关注专业领域内的篇章结构、语言特点，更忽视了语言的交际功能。

专业教师虽然具有系统的专业知识，但往往外语水平不高。虽然部分专业教师的语言水平较高，但对语言教学理论了解甚少，缺乏语言教学经验，难以有效地开展课堂教学。有研究结果表明，许多专业教师从没有走出过国门，虽然他们都通过了大学英语四、六级考试，但其口语表达能力不足，无法很好地肩负起专门用途英语教学的重任。

除了语言水平的限制，很多专业教师将主要教学任务放在各自专业领域的教学上，专门用途英语教学并没有得到足够重视。

在教学实践中，语言教师和专业教师之间、语言教师内部之间缺乏必要的沟通，更加剧了上述问题的严重性。专门用途英语教学变成以教师个人意愿为指导的教学活动，失去了系统、科学的理论指导。

语言本身的教学并不是专门用途英语的终结，利用语言实现一个确定的目标才是专门用途英语的真正目的。目前，国内众多高校对专门用途英语教学目标仍没有一个明确的认识。通过对课堂教学的实地考察，可以发现很多教师缺乏对专门用途英语学习目的的正确而清楚的认识，误认为只要将专业领域的文献翻译过来，并对其中的专业词汇、术语表达稍加解释即可。还有一部分专门用途英语课程虽然设立了教学目标，但极为简单，只要求学生掌握相关专业的语言知识和规则，而忽视了学生语法、语篇、社会语言、策略等能力的提高。

（三）课堂教学模式现状

1.PPP 教学模式

国内专门用途英语课堂教学仍然采用以教师为中心的模式，即 PPP 模式，包括讲授（presentation）、练习（practice）和输出（production）。在以教师为中心的教学模式中，教师是课堂活动的主导者，决定并执行课堂教学的一切步骤；学生是课堂活动的被动接受者，不参与教学内容、教学方式、教学手段的决策，只是等待教师将这些内容灌输进来。这种教学模式最常用到的教学法是语言翻译法。这一方法虽有一定的局限性，但并非一无是处，它是众多非英语国家的专门用途英语教学的必要手段。

由于国内很多专门用途英语教材选用的是英文原版材料，学生对其中的专业术语表达、概念等描述的理解往往受文化差异、思维差异等方面的限制而理解困难。有时教师需要花费大量的时间加以解释说明，不仅影响教学进度和教学气氛，还可能偏离主题，影响教师讲课的思路和内容的条理性与连贯性。例如，以下几个营销英语词汇如果采用语法翻译法，可以使学生以最快的方式掌握其确切含义，收到了良好的课堂效果。

但是语法翻译法也存在很大的问题。教师往往需要花费大量时间在专业词汇、术语表达和句法结构的讲解上，过分强调信息输出而忽视了信息输入的重要性。这种做法使学生完全处于被动的从属地位，任课教师没有充分认识到专业外语课堂教学要求的教学行为、师生角色，"霸权外语教学"仍旧存在。

目前国际上的专门用途英语在正向第五个发展阶段——以学习为中心的阶段过渡，而我国国内的专门用途英语教学还远没有达到这一发展阶段，还处于初级阶段。很少有教师能够做到准确地分析特定领域语篇的语域、体裁等相关特征，并设定具体的交际任务用于实践。教学实践中，对教材的使用仅限于翻译层面，要么整节课一字一句地翻译课文，要么先解释课文中涉及的专业知识，再进行课文的翻译。这种教学现状完全是教师的个人表演，学生只是充当了观众角色，没有融入角色。

尽管教师也会在课堂上对学生提问，但问题的主题通常局限于词汇的含义和句子的翻译等。另外，由于缺乏提问的策略与技巧，学生也只是被动地回答一些需要死记硬背的问题，无法调动学生学习的积极性和热情。

由此可见，当前我国的专门用途英语课堂教学还远未达到师生互动、自主学习的良好状态。学生在经过了专业英语的学习之后，仅仅多掌握了一些专业词汇，英语技能远不能满足在专业和职业领域中的需求。这与专门用途英语所倡导的以学习为中心的教学理念相去甚远。

2. CBI 教学模式

语言和内容是密不可分的统一体，因此专门用途英语的最理想的教学模式是将目标语域的知识、技巧和语言技能的提高相结合，在一个统一的系统中完成，即以内容为依托的教学模式（content based instruction，CBI）。从广义上讲，以内容为依托是具有一定哲学思想的模式体系，它通过语言和内容的结合提高教学效果和教学效率，变革整个专门用途英语的教育体制；从狭义上讲，以内容为依托的模式仅限于语言学范畴，通过引入专业内容传播知识并强化专业能力。

自 20 世纪 80 年代以来，关于以内容为依托的教学受到各国有关专家的普遍重视和广泛研究。1989 年，斯蒂芬·斯特赖克（Stephen Stryker）和贝蒂·丽芙尔（Betty Leaver）提出以内容为依托的外语教学具有四个显著特征：第一，以专业知识为核心；第二，使用真实的语言材料；第三，学习新信息；第四，课程设置必须符合不同学生的需求。① 这种教学模式倡导通过学习主题，而不是单纯学习语言来获得语言能力。

2001 年，戴维逊（C. Davison）和威廉姆斯（A. Williams）指出，语言和内容结合的不同程度体现出不同的课程目标、教学方法、课程设置、教材、师资力量和学生构成等方面。② 因此，在语言与内容相统一的教学中，对语言和专业内容不同程度的重视导致以内容为依托有偏重专业知识的强势和以语言教学为主要目标的弱势之分。

同年，伯纳德·莫翰（Bernard Mohan）等人从功能语言学的角度出发，通过对知识构架理论的研究，得出语言是一种社会行为的结论。③ 在此社会行为中，人们不仅学习语言知识，还学习其中承载的内容，并通过对这两者的学习综合提升理论水平与实践能力。同时，莫翰指出，以内容为依托的教学模式使语言教学不再孤立。在研究工作者中间普遍存在一个共识，即就同时提供有意义、有内容的交流和有目的的语言拓展而言，以内容为依托的语言学习是最为有效的，因为知识结构在语言学习和内容学习之间起到的是桥梁作用。

通过上述分析我们发现，课程设置、教学内容和课堂教学是以专门用途英语

---

① Stryker S, Leaver B. Content-based instruction Inforeign Language Education: Models and Methods[C]. Washington, D. C.:Georgetown University press, 1997.

② Davison C, William A. Intergrating Language and Content: Unresolved issues[J]. 2001: 58-59.

③ Mohan B A,Leung C, Davison C. English as a second language in the mainstream: teaching, learning, and identity[J]. applied linguistics&language study, 2021, 58(3): 473-475.

为导向，以内容为依托的英语教学应关注的重点。廖益清指出："由于各专业使用英语要达到的目的不同，对使用英语的要求也存在着差异。这些差异主要表现在语法、语气、用词及语言的结构上，因此，专门用途英语教学作为一种语言教学，其主要教学要求是通过对语篇的目的进行分析，使学习者掌握专门用途英语的语言特征和语用功能，从而达到运用 ESP 的教学目的。"[1] 因此，以内容为依托的专门用途英语教学应在课程设置与教学内容上有所体现。教师首先要在学生入学时对学生的英语水平加以评定，并将英语课程分设成一般用途英语教学和专门用途英语教学两部分。专门用途英语的课时可和以往保持一致，但改变以前课程细分的做法，而课堂教学应把语言听、说、读、写、译五项基本技能的训练与专业教学结合起来。这种适当的综合型课程，对专门用途英语知识的分时、分段的课堂教学是可行的，也是必需的。

（四）课堂教材现状

我们知道，专门用途英语教材对于教学效果的影响极大。目前国内的专门用途英语教材多由专业教师选择或编写，多为自编教材，很少涉及与专业知识有关的外文材料。这就容易导致所选教材不具有代表性、典型性和实效性，违背了教材编写的真实性原则。这些教材大多只是将专业知识和专业词汇、语法拼凑在一起，并没有系统性、逻辑性可言。其中的练习设计也经不起推敲，违背了现代教学理论中倡导的交际、任务的设置原则，无法真正考查学生的语言运用能力。

除此之外，还有些专门用途英语教材已经沿用了几年，甚至十几年，教师为了备课方便，不愿更新教材。随着我国各领域的发展，在国际中的活动日益频繁，专门用途英语的需求无论在数量上还是在质量上和内容上，都发生了翻天覆地的变化，十几年前的教材势必不能满足当前专业英语的需求。不跟随时代的脚步，依赖陈旧的教学素材，则难以培养适合新形势的复合型人才。

因此，教师必须对专门用途英语的教材建设予以足够重视，及时掌握国内外相关刊物上所发表文章的先进思想，并对其予以切实地讲解和分析，使学生能够真切地体会到如何应用所学知识。

---

[1] 廖益清.系统功能语言学在特殊用途英语教学中的应用[J].山东外语教学，2000（01）：4.

（五）课堂教学环境和教学设备现状

专门用途英语教学的理论基础之一是语域理论。有效的语境设计有助于学生确切把握目标语境中的语言特点，提高教学效果。在词汇教学上，语境既能帮助学生掌握单词的表面含义，还能加深对其内在含义和该词使用方法的理解；在阅读教学上，语境能够提高学生对类似语境的敏感度，并通过原有经验对其作出大致判断和预测。

由此可见，语境的设计对专门用途英语教学的作用极大。因此，为了方便教师在有限的时间内设计出更多更丰富的语境以辅助教学，多媒体的使用必不可少。但我国目前的多媒体教学现状是，教师仅仅将其当作"电子黑板"取代传统的"黑板＋粉笔"的教学方式。教师的主导地位还是依旧只是换了一种信息输出的方式，学生依然处于被动接受的位置。在这样的教学状态中，多媒体的使用不仅不能够辅助教学，反而还会因为教师上课"太无聊"而分散学生的注意力。

二、专门用途英语课堂教学实践

（一）市场营销英语课堂教学实践

在经济全球化进程不断加快的今天，我国经济对专业化、精通化的外语人才需求越来越多，其中最热门、发展速度最快的当属商务英语。而商务英语中的市场营销英语更是热门中的热门。从目前国内各高校开设的市场营销英语课程来看，课程设置普遍缺乏系统性、规划性，因此科学合理地设置市场营销英语课程是当务之急。下面我们以课前准备—课堂设计—课后巩固为顺序设计市场营销英语课堂教学活动。

1. 课前准备

在课堂教学正式开始之前，教师应该明确讲授内容。同时，课件制作的质量是影响教学质量的重要因素，市场营销英语教师也应该利用多媒体设备制作出一些图文并茂，甚至包含音频和视频的课件，以增进学生理解，加深学生印象。

2. 课堂设计

第一章中我们已经得出结论：专门用途英语是特定语境下的专业的、交际的英语语言，因此市场营销英语的课程设计在强调其英语语言本质的同时，还要突出其与一般用途英语在语言表层上的区别。其课堂设计涵盖范围包括以下两个方面。

（1）创造良好的英语语言环境

首先，教师可以使用英文文本的市场营销英语教材，使学生在英文教材的阅读中锻炼一般用途英语阅读能力。其次，教师可以使用双语授课，在锻炼学生英语听力水平的同时充分考虑学生的实际英语水平，对教材的难点重点进行语法分析、翻译和中文讲解。再次，鼓励学生使用英文回答问题、参与课堂讨论、写作业和考试等，为学生提供良好的锻炼英文听力和写作能力的机会。最后，创造整个市场营销英语课堂听、说、读、写全英文环境，使学生从一般用途英语阶段更快地融入专门用途英语的教学环境。这也符合市场营销英语是英语语言课程的本质。有调查显示，很多学生在经过一个学期的锻炼之后，英语基本功更加扎实，英语能力有了显著提高。学生已经具备用英语做课堂报告、角色扮演的基本交际能力。这些无不得益于课堂教学中基础英语的培养与锻炼。因此，市场营销英语也应该将普通英语的培养和提升放在重要位置。

（2）有针对性地提高专门用途英语能力

在一般用途英语的基础上，市场营销英语应该加强其所涉及的专业内容，以突显其"专门"程度。

第一，训练专业词汇。

市场营销英语中很多所谓专业词汇大都来自一般用途英语，但是意思却常常差别很大。学生经常会遇到一些熟悉的单词，但只知道其一般含义，却不知道在市场营销英语中的含义。例如，"share"一词，在一般用途英语中表示"分享、一份"，但在市场营销英语中则表示"股份"。还有一些专业术语的表达不能想当然地采用直译法。例如，"停销商品"不能翻译成"to stop selling the goods"，而应该是"to demarket the goods"。

对此，教师可以通过对比教学的方法加深学生对这些词汇、术语的印象。教师可以让学生通过结对子或小组讨论的形式比较"intensity"在一般用途英语中的含义——"强度、紧张"等，以及其在市场营销英语中的含义——"集中程度"之间的关系。学生经过思考与讨论，得出"集中程度"是"强度、紧张"的引申这一结论后，教师可让学生继续讨论并列举出市场营销英语中其他类似的词汇，举一反三，学生便可自己总结出部分市场营销英语的特点。在此过程中，不仅课堂教学气氛得到缓和，学生思考、自学的能力也得到锻炼，学习积极性更强。

除此以外，市场营销英语词汇还包含很多合成词与缩略语。教师可以安排学生阅读事先准备好的包含若干缩略语和合成词的语篇，并鼓励学生根据上下文给出其中所含缩略语、合成词的意思，还原其英文全称或指明该词是由哪些词合成而来。经过一番思考与讨论，学生能够自己发现专业词汇中合成词的构词规律以及缩略语中的常用词汇。例如，学生发现专业词汇中有很多以"oriented"结尾的词：market-oriented、customer-oriented、profit-oriented 等均表示"以为导向"；以 non 开头的词，如 non-financial、non-probability、non-profit 等均表示对其后所修饰词的否定。

第二，训练专业语篇结构

除了词汇、语法，市场营销英语还应关注语篇的结构、逻辑等规律。随着体裁分析和话语分析理论的发展，市场营销英语也应对体裁分析和话语分析加以重视。

在课堂教学中，教师可以鼓励学生搜集并分析某一种市场营销英语语篇，如市场调查报告、商务计划书、顾客反馈意见等。经过一段时间的搜集整理和分析，学生逐渐发现并总结出这类语篇的特点和规律。这时，教师安排学生以课堂报告的形式为其他同学讲述该体裁的语言特点和组织结构，随后辅以模仿和练习，则学生对该类体裁的规律、特点必定了然于胸。

第三，综合训练。

在词汇和语篇框架的训练成熟以后，学生已经对市场营销英语的语言特点和框架结构非常熟悉，教师可以在此基础上安排案例分析或情境扮演，以加深学生的理解和掌握，真正做到学以致用。

案例分析可以采用辩论或分组陈述的形式开展。例如，在讲到企业竞争战略时，教师可以安排学生就诺基亚在不同时期的企业战略加以陈述和分析，研究其之所以制胜全球手机制造业的原因。这一过程中，学生辩论、陈述的内容虽然是市场营销的专业内容，但使用的语言、语料却都是符合案例真实语境的专业英语。通过这种方式，学生不仅学习了专业知识，无形之中还锻炼了专业英语的运用能力，最终实现专门用途英语教学的目标—在专业学习中提升英语水平。

除案例分析外,情境扮演也是锻炼语言运用能力的又一重要方法。例如,教师可以让学生模拟市场招商会产品演示。通过角色扮演,学生能够将所学的专业知识和语言知识融入情境,直接体会此情境下的语言交际。这对学生提高此类情境下的语言使用能力无疑具有极大的促进作用。在这一过程中,教师必须鼓励学生参与这些课堂活动,并给予学生足够的发挥空间,使学生成为课堂教学的主导。同时,教师还应该发挥指导作用,及时指出学生的错误观点并加以纠正,如此才能确保课堂教学的顺利开展。

3. 课后巩固

在课堂教学活动结束以后,知识的巩固也是不容小觑的。巩固的方法有很多,例如,教师可以让学生在近期所讲知识范围内自由选题并撰写学习总结;设计一些自由开放的思考题目让学生运用学过的知识进行分析,并陈述分析过程和结果,充分调动学生课后自主学习的积极性。

总的来说,在整个市场营销英语课堂教学中,教师可运用语域分析教学法和体裁分析教学法,其间辅以互动交际和任务型教学法。通过多种教学方法的综合运用,最终实现市场营销英语课堂教学效果最大化,使学生最大限度地发挥学习潜力、提高学习能力。

(二)法律英语课堂教学实践

和市场营销英语一样,法律英语同时具有普通英语和专业知识的特征。在教学设计中,教师不妨考虑多个领域相结合的办法。需要明确的是,无论采用什么设计方法都应把握两个原则:第一,因材施教;第二,循序渐进。下面我们以讲授—案例教学—情景模拟表演—阶段测试的顺序设计法律英语课堂教学活动。

1. 讲授

法律英语具有极强的严密性和精确性,法律英语中大量的专业词汇、复杂的表达方式和句式等对学生的理解和使用要求极高,即使对于母语是英语的学生而言也十分困难。如果一开始就采用"以学生为中心"的教学方法,过多要求学生自学,则会导致学生无法正确把握相关知识,甚至不知从何下手,使学生产生畏难情绪、丧失学习兴趣。因此,尽管传统的讲授法在英语教学中遭到很多人的质疑,但在法律英语的教学中仍不失为一种行之有效的基础办法。教师可在讲授过程中一边翻译、一边讲解,帮助学生获取有效信息,快速进入法律英语语境,并通过对重点、难点的专门解释和适当的课外阅读，使学生更高效地掌握法律英语的基础词汇和表达方式。

2. 案例教学

开展案例教学的前提是让学生通过前期的讲授和大量参考阅读所打下的坚实的基础。需要注意的是，并非所有的法律英语教学内容都适合采用此种方法，例如，司法判例的学习适宜采用案例教学法，而法律法规和合同的学习若采用案例教学法则会导致学习效率低下，分散学生注意力。总的来说，案例教学适合法律英语学习的中期阶段，并可做如下安排。

（1）课前准备

教师首先给出一个判例，让学生预先熟悉材料，并鼓励学生课下查找相关资料。

（2）课堂讨论

在学生对该判例有了足够的了解之后，教师可让学生在课堂上进行案情陈述，然后提出一系列问题指导学生讨论分析。在课堂讨论中，学生可自由发表并交换各自意见，而教师则要扮演引导者的角色，对学生的想法给予一定的鼓励和指导，营造良好的课堂氛围，切忌用死板的标准否定学生的想法。

（3）总结

学生在经过一番激烈的讨论和发言以后，教师应对这些观点予以适当的评价和鼓励，并总结出判例中用语的特点和法律实践中的注意事项。

通过上述程序，学生可在案例中切实体会出法律用语的特点，正如李益军、杨德祥所指出的那样："在法律英语课程中采用案例教学法的目的不仅仅是要得出某一项在法律社会中被普遍接受的法律理念或原则，更重要的是要让学习者学会如何通过精准恰当的法律语言去感受获得这些法律知识的过程，去体验法律职业的思维方法和解决实际问题的能力的具体运用。"[①]

3. 情景模拟表演

情景模拟表演是法律英语教学中经常使用的教学活动，它使得学生能够积极主动地探索、学习专业知识和语言知识，能够有效锻炼法律英语的综合运用能力。通过实践我们发现，学生十分乐于参与情景模拟表演，这对增强学生的学习兴趣

---

① 李益军，杨德祥.论法律英语教学法[J].西部法学评论，2005（3）：126-128.

大有裨益。当通过情景模拟表演学生获得了一定的专业和语言知识以后，学生的自信心也必然能够得到很大的提高。需要注意的是，情景模拟对学生的法律英语语言水平、法律专业知识的综合运用能力要求较高。因此，该教学活动课可安排在法律英语课程后期，并给学生四周左右的准备时间。情景模拟表演活动可做如下安排。

（1）将学生平均分成若干小组，或让学生自由组合成组，并明确将要模拟的情景主题。需要注意的是，小组人数要和情景主题协调，使每位学生都能参与情景模拟，并担任一个角色。另外，教师还应注意把握情景选择的多样性。

（2）编写剧本及定稿。在小组分配确定以后，小组成员要搜集与该情景相关的资料，然后进行集体讨论，并分工撰写将要模拟的情景剧本。该情景剧本需要递交给教师批阅，教师提出意见后修改并最终定稿。剧本撰写要尽量符合真实情景。

（3）情景排练及表演。剧本撰写完成后，学生可以找剧本进行情景排练，为正式表演做准备。在情景排练时，教师可在一旁观看，并对情景模拟过程中不符合实际情况的地方予以指正。当学生熟练了该情景内容以后，即可在课堂上进行表演，以供学生观摩，使学生感受真实情境下的法律英语在词汇、句法、语调及肢体语言等方面的特征。

4. 阶段测试

法律英语教学选择阶段测试的原因有二：第一，课堂教学时间有限，法律英语需要学生花费大量的课外时间查阅资料，做课前准备，学生自学的积极心十分重要。而阶段性测试可督促学生做好课前准备，保证平时的学习分量和学习时间。第二，法律英语侧重培养学生的运用能力，阶段测试有利于教师对不同教学内容采用灵活的测试方式来考查学生的应用能力，如翻译法律法规、起草法律合同、开展情景模拟表演等。与单一的期末考试相比，阶段测试对学生平时的知识的摄入和能力的考查更加真实有效。

阶段测试可根据教学内容之间的关联进行划分和测试。

数次阶段测试的成绩应在学生最终成绩中占据大部分比重，如70%左右。如此可有效避免常规英语测试"一棍子打死"的情况，这样可以反映学生真实的法律英语水平。

三、专门用途英语课堂教学改革

课堂教学之于专门用途英语教学目标的实现意义重大。前面我们讲述了课堂教学中存在的种种问题，这些问题无不影响了课堂教学效果的发挥，对整体教学目标的实现有害而无益。因此，以下内容将致力于国内专门用途英语课堂教学的改革研究，以期收到良好成效。

（一）建立以学生为中心的课堂教学模式

传统的外语教学模式是基于行为主义理论的以教师为中心的教学模式。关于这种教学模式，赵应吉指出："这种教学模式过于强调知识本位而不是以学习为最终目的的，过于重视外在的机械操练而忽视了内在的信息加工过程，过于强调了教师的灌输而忽视了学习者的主动建构。"[1]

建构主义学习理论则认为，学习不是由教师构建的，而是由学生本身构建的。学习是一个原有经验与目标经验同化与顺从相互作用的过程。学生能够利用一定的学习资料，在教师、同学的帮助下，参与人际的合作活动并实现意义。因此，教师应该充分发挥学生的主观能动性，遵循"以学生为中心"的原则，采取一切有利于专业外语学习的方法和策略来实现课堂教学的最终目的。

以学生为中心的课堂教学改革基本思想是建立明确的专门用途英语教学目标，通过科学有效的教学方法和教学手段实现这一目标。这就要求课堂教学的一切活动要围绕学生的学习情况开展，以"必需为主、够用为度"为指导思想，提高学生的自学能力和交际能力。

1. 课堂教学目标改革

前面我们讲到，目前我国专门用途英语的课堂教学目标存在一定的问题，如教学目标不明确、与普通英语的教学目标混淆等。因此，专门用途英语课堂教学改革的第一步要从教学目标的改革开始，建立明确的、可行的教学目标。

在此，需要注意的是，专门用途英语的教学目标不是凭空想象或者凭教师主观臆断的，而是基于学生学习需求而建立的；教学目标不是传授专业知识，而是培养学生在专业和职业领域内的语言交际能力。这就要求学生掌握各自与专业内

---

[1] 赵应吉.学习理论的新发展及对现代外语教学的启示[J].中国成人教育，2007（5）：171-172.

容相关的听、说、读、写、译等基本技能，最终实现以英语为工具获取信息并进行专业知识交流的目的。因此，课堂教学应该注重学生语言运用能力的培养，注重语言实践，通过实践获取直接、有效、真实的经验。值得注意的是，重视实践并不意味着可以抛开词汇、语法、篇章和体裁等基本知识的传授，而应该在这些语言表层知识的基础上，增加对学生语言技能的训练。

有学者指出，专门用途英语的具体培养目标是通过专门用途英语的学习，使学生能够听懂使用英文教授的专业课及讲座；能够读懂并翻译专业领域中的英文文献；能够用英语进行专业学术或应用文章的写作；能够用英语进行学术交流、参与讨论和主题发言等；能够用英语解决专业领域中的交际问题。

2. 教学方法改革

虽然国内现行的语法翻译法存在很大缺陷，但并不意味这种教学模式已经过时，而是说它与不断变化的市场需求存在一定的差距，但在某些方面仍不失为一种简单有效的方法。因此，专门用途英语教学应该在语法翻译的基础上设计和开发多种教学方法和教学活动，从而完善教学法体系，使教师综合运用各种教学方法，在不同的情况下选择有针对性的教学方法，达到阶段与整体的统一。

（1）语域分析教学法

同一个词在不同的学科领域往往具有不同的词义。这种差别性就是专门用途英语的语域特征，并通过词汇、语法、语气、情态以及交际形式等因素反映出来。如 solution 一词的常用词义是"解决办法"，但在化学、法律、数学和机械工程学中，其词义各不相同。由此可见，语域对专门用途英语的影响是十分显著的。因此教师应在专门用途英语课堂中教授语音、词汇、短语、句法、时态及情态等语法项目时将它们与特定语域联系起来，分析它们在某一特定领域中表达的特殊含义。

（2）体裁分析教学法

与语域理论一样，体裁理论也是专门用途英语教学的重要理论基础之一。因此，建立在体裁分析上的教学法对课堂教学也颇具指导意义。通过语域分析，即情景语境的分析，学生能够掌握具体情境中语言的使用方法；而通过体裁分析，学生能够掌握特定类型的语篇中语言的逻辑层次，从整体上把握目标语言的结构框架。

可以说，体裁分析是语言分析的更高形式。语篇、情景语境、文化语境三者之间的关系是体现和被体现的关系。

不同领域的专业英语语篇不仅具有独特的语域特征，还具有独特的体裁特征。即便在同一学科领域内，语篇的体裁结构也会随着交际目的的变化而不同。秦秀白指出，体裁分析教学法的目的在于让学生认识到语篇的意义所在：语篇不仅是一种语言建构，还是一种社会意义建构；让学生掌握特定体裁语篇所具有的特定篇章结构和交际目的；让学生通过语篇图式结构的掌握，掌握语篇的建构过程，最终帮助学生撰写同类体裁的语篇。[1]

（3）交际教学法

哈钦森和沃特斯在其提出的学习原理中指出，语言学习是学生主动参与的过程。建构主义理论的观点也与此一致，并强调通过人际的协作活动，学习才得以实现其意义。作为语言教学的一部分，专门用途英语教学的首要目的在于培养学生的语言运用能力，即交际能力。这一点与其他语言教学是一致的，不同的是专门用途英语交际能力的培养是限定在某一专业领域之内的。

交际教学法注重的是学生语言运用能力的培养，并把语言当作交际的工具，在交际中获得语言技能。专门用途英语教学目的的特殊性要求教师根据各个专业的语言特点，通过语言的实际运用提供交际所需要的技能。所有交际活动都可分为两类：利用语言分享信息和运用语言加工信息。这些交际活动都以学生为中心，采取结对或小组形式开展起来。

首先，交际教学法的原理包括五点内容：

一是整体大于部分。交际法所使用的语言是句子以及句子以上的真实话语。

二是明确学到的知识。每节课结束的时候，教师应该让学生清楚地看到他们在这堂课中学到了什么以前不知道的知识。

三是过程和形式同样重要。学生需要尽可能地复制交际过程，这一过程主要包括以下两个方面：一方面，信息差。信息差是整个交际教学法领域中最根本的概念。现实生活中的语言交际目的就在于填补信息差。另一方面，选择。参与者进行选择是交际的另一个重要特征。这种选择不仅在于说话的内容还在于说话的方式。外语学习者要在有限的时间内作出上述选择。

---

[1] 秦秀白.体裁教学法述评[J].外语教学与研究，2000，32（1）：42-46.

四是在实践中学习。学习效果的好坏最终取决于学生本人。教师虽然可以提供建议、指导，但只有学生接受并接受了教师的帮助才能够获得知识。因此，参与活动、通过实践学习是学生掌握相关技能的最有效的办法。

五是正确地认识错误。在课堂教学中，并非每个错误都要加以纠正。为了发展学生的交际能力，教师要在不同阶段对学生的各种错误应该采取灵活的方式，以保证学生学习的积极性和创造性。

其次，交际活动的目的及其对语言学习的影响包括：训练所有技能；有助于自然学习；能够加强学习动机；创造有利于学习的语境。

最后，交际练习有五个原则，并通过以下几个方面来实现：

一是信息转移。学生一边阅读信息，一边提取数据填充表格。

二是信息差。在小组和结对学生中，一个学生将已知信息通过不同的练习方式传递给另一个学生。

三是拼图。学生采取合作式的学习，即小组中的每一位成员只负责小组活动的一部分，最后大家将各自负责的部分整理出来并拼凑完整。

四是任务依赖。第一个任务的完成是第二个任务实现的基础，例如学生在听读一些信息之后才能整理这些信息并作口头或书面报告。

五是纠正内容。对学生话语输出的评定标准应该依特定任务的交际有效性而定。例如"描述和描绘"，即一个学生向另一个学生描述一个图表，后者根据前者的描述重新制作出这个图表。

在实际的教学实践中，交际活动练习的方式多种多样，如角色扮演、小组讨论、竞赛、游戏和案例研究等。其中，案例研究最受青睐。

案例分析能够通过一个具体案例，将学生带入特定的事件，提高学生的参与度，营造良好的交际氛围。由于这种教学方法能够再现真实的交际活动，所以具有较强的现实性。其基本步骤为精选案例、描述案例、案例分析、案例总结及案例报告的撰写。另外，专门用途英语课堂活动中的案例经常包含许多真实的、复杂的、有争议的问题。这种具有争议的问题并没有标准答案，学生通过小组讨论自由发挥，不会被标准禁锢思维；学生能够最大限度地参与论辩和探讨，在交际过程中准确提高语言技能。

（4）任务型教学法

任务型教学法首先由维果茨基提出。这一教学方法旨在把语言应用的基本理念转化为具有实践意义的课堂教学模式。其教学目的在于让学生通过语言运用来完成任务。任务型教学的优点在于它能够为学生创造良好的语言实践机会，从而充分调动他们学习的积极性，培养他们分析问题、解决问题和独立思考的能力。

第一，大卫·纽南的研究。

交际任务是一项课堂工作，包括学习者对目标语言的理解、操作、创造和互动。他们的注意力应该集中在语言的意义上，而非语言的结构。任务型语言教学应该将真实的语言材料引入学习环境，为学生提供语言学习。在这个过程中，学生的个人经历成为课堂学习的重要资源，并与课堂和课外语言学习连接起来，从而达到运用语言的目的。另外，任务型教学模式有5个特点：

①强调通过交流学会用目标语言的交际。

②将真实语料引入学习环境。

③学习者不仅注重语言的学习，还注重学习过程。

④将学习者的个人经验用作课堂学习的重要资源。

⑤将课堂内的语言学习与课堂外活动结合起来。

第二，菲利普斯的研究

任务设计的原则如下。

①真实性。所学习语言必须是专业领域实际运用的，为此，教师应该创建真实的语境。

②现实性。任务难度应该和专业领域需要完成的任务难度一致。

③意义性。设计的任务必须是某一专业领域所需要完成的。

④对错误的容忍度。只有当造成交际差错时，内容和形式不当的错误才被认定是不可接受的。

第三，威利斯的研究

任务型语言教学的实施有三个步骤。

①任务前。教师介绍学生不太熟悉的话题，学习、复习和任务相关的语言，布置学习任务并使学生明确任务的目标。

②任务环。首先，学生结成对子或分小组执行任务。其次，各组学生以口头或

书面的形式向全班报告任务完成的情况，教师不仅告知学生汇报的目的，还要以语言顾问的身份帮助学生解决问题。最后，学生报告任务完成的情况或交流书面报告。

③任务后（post task）。教师帮助学生分析任务完成过程中出现的问题及其原因，引导学生进行相应的练习。

第四，国内学者的研究

除了上述外国专家的研究成果，国内也有不少学者针对专门用途英语教学中的任务教学法专门撰写文章加以研究说明，比如以保险为例介绍任务教学法的操作步骤。

①教师利用多媒体让学生接触示范语料，并讲解语言特点，然后通过提问题了解学生对该语料的掌握程度，并补充适当的练习。

②布置任务。要求学生作关于瓷器进出口保险的谈判演示。谈判的背景应为学生设定，并要求学生自己假设瓷器的数量、贵重程度，从而决定货物的价格、运输及包装方式。通过这种方法让学生掌握实际语境中的语言使用。

③学生分工语料查找和归纳的任务：为瓷器投保的客户和给瓷器承保的保险公司。通过多种渠道搜集信息，最后确定投保公司（必须是国内保险行业内真实存在的公司，以尽量确保语境的真实性）。

④小组成员查找、整理、分析相关资料，共同设计情景，并为课堂谈判演示做准备。通过这种方式，学生不仅能把课堂上的学习内容和实际情景联系起来，还能建立新的经验体系并与原有经验相联系，从而完成意义的建构。

由此可见，任务型教学模式的目标在于语言习得、专业知识习得的最佳理想状态。它为学生提供了大量接触、运用语言和专业知识的机会，并能够激发学生的学习积极性，建立和谐的师生关系，最终从根本上改变学习方式和效果。正是由于任务型教学法的现实意义。

3. 教学手段改革

科学技术的发展为专门用途英语的课堂教学提供了更多、更有效的教学手段。其中最常见的有影碟、只读光盘、互联网、电子邮件和计算机等方式。

（1）影碟的使用

影碟的作用主要体现在以下 5 个方面：

①提供可用于语言研究的数据。

②提供能够支持该课程额外的主题。
③影碟和只读光盘提供了自成一体的材料，不需要其他材料做补充。
④提供了原始的、真实的材料。
⑤通过重新设计语言和基本技巧来支持一门课程。

（2）只读光盘的使用

只读光盘在帮助学生练习口语和听力技能方面极有价值。学生可以将自己的话语用光盘录下来，并在语音、语调、用词方面与范例做比较，极为简便。如果学生手上有对白的材料，可以将光盘定格在某一秒反复播放，直到完全掌握所说的内容为止。

（3）互联网的使用

互联网技术的发展使得所有学生都有同样的学习机会，因此，专门用途英语课程的教学内容、测试评估等均可置于互联网上，使所有学生都有机会参与。

互联网课程对学生学习时间的要求不高，学生可以自行安排时间学习。互联网课程可以以两人为小组或在全班使用，教师可有可无。另外，当课程与交际相关时，教师若能以调解者的角色出现将有很大帮助。

互联网的使用对进行主题活动或个案分析的专门用途英语学生来说极其便利。教师布置任务以后，学生可以上网查询信息，并从相关页面上下载用于完成任务的资料。但是由于网上下载的资料没有语言反馈和如何组织语言的说明，因此只能用于完成任务的查询。学生可以借鉴网上的意见，通过对这些材料的分析得出自己的观点，最后以口头报告或者书面报告的形式呈现出来。或者教师可以将设置好的交流材料、最终结论上传到互联网上，学生在任务完成前上网研究交流材料，任务完成后再从网上核对研究结论。

（4）电子邮件的使用

电子邮件同样可以应用到专门用途英语教学中。电子邮件不仅可用于评价学生的作业，也可以用于学生之间的互相评价。另外，国内众多高校的大四学生既要撰写毕业论文还要进行社会实践，学生有可能经常不在学校，此时电子邮件成为学生与论文指导老师沟通交流的重要工具。教师可以在邮件中提出修改意见或者提出日后深入学习的建议，并添加附件。学生能够及时、准确地纠正错误，把握正确的研究方向。

(5)计算机的使用

计算机的使用和互联网有部分重叠,但主要是指多媒体技术的运用。教师可以在电子课件制作过程中加入图片、表格、视频、音频等有助于学生理解的教学材料。相比传统的黑板教学,多媒体教学生动、形象,符合学生的认知规律,能够最大限度地方便学生理解,激发学生的学习兴趣,提高教学效果。另外,多媒体教学也对教师教学提出了更高的要求。任课教师不仅需要熟练掌握计算机技术,还需要配合多媒体的特点最大限度地发挥其作用,改变传统的以教师为中心的教学模式。

(二)培养学生自主学习的意识

自主学习的概念是从终身学习技能的研究中发展而来的。

1. 自主学习的定义

各国专家学者对自主学习的定义尚未形成统一的认识。1981年有学者指出,自主学习是指掌控自我学习的能力。1985年,这一概念得到了进一步发展,并被认定为一种概念工具。1987年,自主学习又被定义为一种学习者对其所作出的与其学习相关的所有决定及实施情况的全面负责的情形。

大卫·加德纳(David Gardner)和林赛·米勒(Lindsay Miller)在《外语自主学习——理论与实践》一书中阐述了分歧产生的原因:第一,对其概念的确定存在着争议,随着讨论的深入,自主学习的概念逐步完善;第二,因为不同的地区发展了不同的概念,他们使用的术语不尽相同,但却相似;第三,不同的学者也提出了不同的定义。

2. 自主学习理论的研究

(1)自主学习的情境

1987年,迪肯森(L. Dickinson)详细探讨了发展自主学习的方式,并提出了"自我指导"这一概念。[①] 此概念涵盖了缺少教师直接指导的多种学习情境。

①自我指导。学生作出决定但不一定实施。

②自治。学生对其决定及决定的履行完全负责。

③个性化指导。根据学生本身的差异性,使用适合个别学生的方法和教材。

---

① Dickinson L. self-instruction in Language Learning[M]. Cambridge: University Press, 1987:11.

④自主学习及材料。自我指导情形下合适的材料。

（2）自主学习的有利条件

迪肯森还认为，专门用途英语课程的自主学习可以通过以下方式得到鼓励和发展。

①灵活的大纲设计。大纲中包含的可协商部分能够使课堂教学根据实际需求及时变换策略，学生的自主学习在灵活的课堂教学中得以实现并发挥有效作用。

②使用附带答案的学习材料。在没有教师指导的情况下，学生可以通过材料附带的答案随时检测学习效果，找出问题所在，并在下一阶段中避免类似问题。

③充分利用专门用途英语方面的学习资源。如磁带、录像带、讲座、研讨会、网络材料等都为自主学习提供了丰富的资源。

④通过网络及时进行自我检测。如语言实验室或计算机。

⑤可以自由使用的课余时间。自主学习的前提是具有可供支配的自由时间。

⑥一对一的辅导。一对一的辅导能够及时、有针对性地解决学生自学时遇到的问题，避免了大班教学中教师顾不过来的情况。

⑦个人项目。学生参与某个与学习内容相关的项目，并实际运用相关语言和专业知识，对自主学习的效果有极大帮助。

⑧小组任务或作业。通过小组成员间的讨论，自主学习者能够了解并掌握其他学生的独特见解，并加以思考，交换意见。这对建立自主学习者自己的观点具有促进作用。

3.影响自主学习成败的因素

（1）乔丹的研究

1997年，乔丹（Jordan）对学生的学习方式和影响学习成败的因素进行了调查研究。该调查以问卷形式出现，要求学生思考两个关于学习成功的原因以及两个学习失败的原因。

通过对这一调查结果的综合分析，很容易总结出成功学习的关键因素。学生应该了解这些因素，并有针对性地趋利避害，更好地提高学习效率。

（2）哈钦森和沃特斯的研究

1992年，哈钦森和沃特斯分析并总结出成功学习者通常具备的特征：

①成功的学习者具有很强的自我意识。

②成功的学习者擅长批判性的提问。

③成功的学习者用成人的方式与教师建立关系。

④成功的学习者能够明确地、有逻辑性地进行思考。

⑤成功的学习者拥有自信。

⑥成功的学习者能够利用自己独有的学习方法处理学习中的问题。

⑦成功的学习者对学习抱有一种积极的态度。

⑧成功的学习者愿意并且能够自我学习。

总的来说,成功的学习者是成熟的、稳重的,具有开放的、质疑的思维,并愿意采取主动的、独立的学习方法。

（3）麦克唐纳和肖也的研究

1993年,乔·麦克多诺（Jo McDonough 和克里斯托弗·肖（Christopher Shaw）对成功的学习者所具备的素质加以研究,并指出,除了智力、动机以及人格等特征,成功的学习者还具备以下特征。①

①成功的学习者能够有效地利用时间和学习材料。

②成功的学习者愿意试验和实践。

③成功的学习者能够理解语言的组织结构和功能。

④成功的学习者擅长评估学习过程。

⑤成功的学习者能够主动地将自己融入目标语的学习中。

⑥成功的学习者对学习有正确的认识：学习是一项艰苦的过程。

综上所述,所有成功的学习者都具有自主学习的意识。由此可见,自主学习是决定学习成功与否的关键因素,对于专门用途英语的学习而言更是如此。因为随着专门用途英语学习的深入,学生在各自领域进行独立研究时将不再有教师的指导。只有具备了文献检索、查阅英文材料及学术写作与交流等一系列技能,才能更好地开展独立有效的专业研究。

---

① McDonough J, Shaw C. Materials and Methods in ELT [M]. Cambridge: Blackwell, 1993.

第五章　新时代背景下专门用途英语创新教学

本章主要内容为新时代背景下专门用途英语创新教学，主要从两个方面进行了阐述，分别是产出导向法在专门用途英语教学中的应用、专门用途英语教学"金课"建设路径。

第一节　产出导向法在专门用途英语教学中的应用

产出导向法的教学环节有三个：一是驱动环节、二是促成环节，三是评价环节。有了这三个环节才能设计教学，开展教学实践。这三个环节渗透在教学模式设计之中，贯穿了开展教学实践、构建评价体系的全过程。产出导向法提出了"学习中心表示""学用一体说""关键能力讲"等思想，可以促进专门用途英语教学语言能力的提高、专业知识及职业素养习的养成。

一、内容与语言融合型教学模式的探索

内容和语言融合型教学模式是由欧洲推行的多元语言政策所驱动下在20世纪90年代产生的。内容与语言融合教学模式的理论基础在于认知语言学中的"知识—理解"关系理论，以及建构主义关于教学过程的观点。这一模式注重学科知识与语言融合，把语言看作学习内容的中介、思维的工具，是内容让语言获得意义。学习者以学科内容为载体，关注语言能力的培养和提升。[1]通过整合语言和科目内容进行学习，增强学生语言运用，思维认知、文化意识与内在联系的各种能力。基于产出导向法，内容和语言融合型教学模式开始运用于专业和职业相关的专门用途英语学习上，以学生已具备较坚实的专业概念与基础知识为前提。这

---

[1] Llinares A, Dalton-Puffer C.The role of different tasks in CLIL students' use of evaluative language[J].System, 2015: 69-79.

种模式有利于帮助学生形成良好的语感、增强跨文化交际能力，以及掌握专业术语。从课程设置及学生的需要出发，专门用途英语通常被在高校的第二和第三学年之后设置。因为学生已经通过第一和第二学年的学习将英语的基础打牢固了，同时通过这两年学习专业基础课程，学生对于学科专业核心概念、知识构架等也有着较为清晰的理解，因此可以在这之后的学年设置专门用途英语课程，使学生更容易接受。

专门用途英语教学中如果使用内容和语言融合型教学模式，则主要表现在推动驱动、促成和评价三个方面。其中，以"问题解决"为核心的驱动模式是实现这一目的的有效途径之一。在驱动环节，教师先引导学生课前准备、热身，热身环节教师依据章节或者单元教学目标，发布教学任务，对有关概念进行了词汇补充、短语及句型结构的解释。然后给学生安排一些明确任务，包括学科内容、语言要求等。学生按照教师布置的任务，积极主动地进行语言知识的学习与回顾，使语言知识与学科知识进行对应，产出任务。到了促成阶段，教师引导学生自主分析与理解文本材料，通过阅读和练习进一步加深印象，强化记忆，在语言知识和文字资料的帮助下，选择性地进行学习。这就避免了过去只学习语言的问题，因为这样会造成学生对于学过的知识只了解大概、没有主次之分、记不住知识、也不会运用的状况促成环节能在发展专业素养、提高职业能力的同时，增强学生学习动力、激发其学习兴趣，根据输出的任务进行有所侧重的学习。

由于学生对专门用途英语学科内容及背景比较了解，英语教师和学生的主要任务就变成了对学科内容中的英文概念、句子结构等进行一定的熟悉和掌握，增强语言能力和思辨能力，提高文化能力与学科知识的理解与建构。为了更好地实现教学目标，教师需要对课堂教学进行有效评价。在评价环节，教师按任务输出流程，评价可分为即时性与延时性两种。其中，即时评价与即时性语言习得效果相对应，这体现在课堂中学生对语言、内容产出上；延时性评价的对象为学生课下通过对自己完成作业或阅读理解等活动进行回顾来获得即时的反馈信息，学生在课下通过认真复习，与学生语言表述并运用学科内容所呈现出来的阶段性学习成果相对应。

二、内容与语言融合式教学活动的设计

从教学活动来看，在内容和语言融合型教学模式中，教学活动主要分为三个阶段：课前、课中、课后。

课前活动是指准备并回顾上一节课所留下的产出任务，预习下一节课需要学习的知识。对于复习和准备产出的任务，主要由学生按照任务需要单独开展，也可以结对或以小组合作等形式开展；对于下一次课堂学习内容的准备和复习则是在教师在下次课时布置要讲的内容，预习和准备下次课的任务也是基于下次课所涉及材料，对词汇、短语、句型及与学科有关的知识准备。这个阶段主要是"输出驱动—输入促成假设"的输入阶段，做好了大量的输出准备工作，确定下一步产出任务，教师应该向学生清楚地说明任务、操作指导及输入资料等。

与课前任务准备、预习活动相比，课堂上的教学活动的主要任务就是任务产出、评估与修正改进。延时性作业作为一种有效的课堂教学形式，是"输出驱动—输入促成假设"的一个关键输出阶段。首先，教师在教学过程中，通过多种途径让学生完成任务。对于学生课前预习任务的情况进行分析，使在编制产出任务时解决遇到的难题，在这个过程中，教师起着十分关键的作用。其次，让学生自己动手完成相关的学习任务。学生上课按照教师即时性回答与引导，在任务产出之前进行最后的准备工作。再次，按照任务的要求，以学生个人或者小组的形式来产出任务，其中包括语言方面和内容方面的任务。语言上的产出任务需要教师检验、评判和指导，及时给予词汇、短语、句子结构和表达方面的纠正和指导；在内容上产出任务可通过小组成员分工协作来实现，相互检验，开展讨论。最后，完成任务产出，经教师全面评析，对全班学生产出任务时存在的语言问题、内容问题进行总结。还可由专业能力较强的学生对语言、内容产出等问题进行辅助评论。

在课后阶段，由学生依据课上师生对于语言、内容等方面的评论指导，修正产出任务，补充完善并写出任务总结。学生还要对本课时产出任务完成情况进行分析，着重概括产出任务要求的语言表达形式、话语结构与语言表达内容是否契合，有什么缺陷与不足之处，并且结合师生的引导和提示及时进行订正，对课堂的任务进行不断完善，对语言与内容学习中所取得的成绩进行选择性的复习与巩固。

三、内容与语言兼顾的评价方式的设计

产出导向法视角下的内容与语言兼顾的评价包括课前、课中和课后三个环节。课前和课后学生为下次课产出任务做输入准备和完善、巩固上次课产出任务后的薄弱部分。

基于"以评促学假设",可以将评价分为即时和延时两种。即时性评价是"输入促成"环节中学生进行选择性学习,和产出任务练习过程中,教师对学生的学习效果给予的有效促成评价。即时性评价主要是为教师了解学生输入和任务准备的情况,适时调整教学节奏和教学进度。延时性评价是基于学生根据教师的要求,在课堂内外结合输入材料和产出任务的需要,进行有选择性的学习和准备后,将学习成果提交给教师评价。这种任务准备+选择性学习—即时评价、任务准备—任务产出、延时评价—复习任务+新任务—选择性学习—即时评价、任务准备—新任务产出……如此循环的模式,有利于实现以评促学的目标。

评价内容包括对学生口头产出的任务评价和学生书面产出的任务评价。口头产出包括即时性产出和延时性产出两种即时性口头产出任务对学生的临时产出能力要求较高,一般不涉及多数学生,最好由教师有针对性地依次评价,并给予任务产出者相应的纠正、补充和鼓励。延时性口头产出任务是学生经过课前充分准备后,在课堂上的成果呈现,涉及全班多数学生。教师要在课堂上有限的时间内,设计好学生任务产出和评价的有效形式。可以采用小组成员内的互评方式。为确保每位学生认真参与,每一个小组成员在进行任务呈现的过程中,所有其他成员必须认真倾听,并依次做点评,组长汇总点评,总结小组任务完成的情况和需要解决的问题。教师总结并解答小组问题。

学生的书面产出任务主要有两种评价方式:教师评价和师生合作评价。书面任务主要是延时性任务,学生课前都经过充分准备,如一篇作文或书面报告。教师可以在课前一一批阅,汇总全班学生的主要问题,课堂上针对这些问题一一点评,并给予有针对性的指导和解答。课前提前选择几份班上有代表性的作文或书面报告作为范例,在课堂上完整地呈现出来,从语言表述和内容两方面给予点评。也可以不一一评阅,在课堂上把作文或者报告分发给学生评价,教师从语言和内容两个方面,给出明确的评价标准和修改意见,与学生共同探讨修改的理由。这样全员参与评价的方式需要每位学生充分阅读和理解被评价人的产出任务和评价

标准，整个过程涉及词汇、短语和句子结构的使用以及内容表述得是否清楚、恰当和完整。对评阅人的语言能力和内容知识要求较高，评阅人以此有效地提高自身的语言能力、认知能力和合作能力。

第二节　专门用途英语教学"金课"建设路径

"金课"建设坚持以提高课堂有效性为目标，解决的是教学中最根本的问题。在此背景下，高校英语教学工作也面临着巨大的挑战。提高英语教学效率，提高学生的英语素质，为社会培育出语言能力更强的专业性人才，仍是高校英语教学的最重要目标。无论是英语专业的学生或是非英语专业的学生，都应积极参与英语的"金课"建设，要在教师的带领下，积极配合其工作，帮助打造专门用途英语教学的"金课"。

一、"金课"的概念

部分大学生学习动力不足，学习动机简单，课堂学习只专注于期末考试相关内容，对与其学习成绩无关的、无直接联系的课外知识、学习方法等毫不关注。学习目的的单一化导致专门用途英语课堂教学活动难以开展，教师教学进程和教学内容也趋同于学生的学习目标，由此产生了大量的"水课"。

2018年6月，新时代全国高等学校本科教育工作会议在成都召开，陈宝生在会议上提出了"四个回归"的教学理念，"回归常识"便是其中之一，意思是学生要回归学生本位，刻苦努力学习才是真。同时指出，要对大学生合理"增负"，把"水课"变成有深度、难度和挑战度的"金课"。"金课"的概念由此应运而生。

专门用途英语课程本身并无所谓"水""金"之分，作为大学教学方案中的课程之一，专门用途英语课程对学生的英语知识结构的形成至关重要，"水"或"金"是指在教学过程中，教师或学生或二者共同作用，导致该课程成为"水课"或"金课"。

一门课程的"含水量"或"含金量"的多少决定了该课程在本质上是"水课"还是"金课"。下文集中讨论如何增加专门用途英语课程教学的"含金量"，从课堂教学方面将专门用途英语课程引向"金课"的方向发展。

二、打造"金课"的必要性

（一）课程内容

授课的内容与社会个人的需要相脱节，没有及时更新教学目标和教学定位。专门用途英语和中国教育事业的发展趋势是相适应的，并且几经改革，更加完善。其中，"金课"的建设目标的产生，无疑增加了专门用途英语的教学要求，新要求更多、更高。在这样的情况下，专门用途英语的教学中还存在着不少的问题，这些问题促使"金课"建设进程不断加快。

当前由于各区域经济发展与开放程度各不相同，发达地区与相对落后地区的差距较大。这就导致学生水平也有一些差异，部分地区的高校英语教材内容与本地现实生活相脱节，从而导致教学内容脱离现实，因而很难达到学生个性化教材的要求，导致学生学习动力减弱，没有足够的英语能力进行专业学习与科研。

与此同时，在现阶段，我国的高校教育中还存在着应试教育的印迹，多数非英语专业学生在学英语这门公共基础课程时，其精力大多放在了应付期末考试，或四六级考试上，教师也只简单地给学生讲解语言知识，没有能够深入地培养学生语言能力，没有创新教学模式的意愿，很难与时俱进，这样并不能有效培养学生的实践能力和语言表达能力。随着我国社会经济文化的飞速发展，英语教学改革势在必行，以考为主的教学定位，长期游离于时代的需要之外，当今时代需要更具针对性的学术性英语，也需要更加专业的英语课堂。

（二）教学手段

我国大学阶段英语教学一般采用大班授课的模式，很少进行线上教学，随着大学扩招，学生人数越来越多，教师在教学活动中只能够以多数学生为对象，很难对个体进行启发。也因为最近几年英语课时大大缩减，所以学生学习英语的时间变少，由于班型所限，教师与学生之间亦缺少有效互动，严重阻碍了教师进行更加高效的教学，教学活动也无法深入，教师在课堂上通常运用讲 PPT 的形式向学生传授知识，属于单向地灌输。这样不仅无法提高教学质量，还使课堂教学失去了趣味性。而学生在这样的环境下只会被动地吸收知识，不能表达自我、表达需要，课堂效果自然就降低了。

（三）教学评价机制

要对教师教学成果的进行检测，就必须建立合理的评价机制，这样才能促进课堂的发展与进步，专门用途英语也可以通过评估和检测英语教学活动得到深入发展。但是当前，我国多数高校并没有建立起健全的英语教学评价机制，考评的标准仍然使用的是传统的方式，如期末测试、四六级通过率等，并没有加强对学生语言运用能力、表达能力的考评，由此造成了学校缺乏对学生真实情况的深刻认识，各种考核方式很容易出现不公平、水分大的结果，漏洞较多。

三、专门用途英语课堂教学金课的标准

对金课的解读中，高等教育司司长吴岩提出了"两性一度"的标准，具体而言，"两性"指的是高阶性和创新性，"一度"指的是有挑战度。课程指学生所应学习的各门学科总和，同时各门学科的进程和安排，教学活动指该课程在具体课堂活动中的体现。要想把专门用途英语课程打造成"金课"，提高其课程"含金量"，就必须从具体课堂教学过程和教学活动入手。

（一）建立良好的课堂环境和师生关系

在教学活动中，教师和学生是两大主体，良好师生关系的构建，才能促进课堂教学活动顺利开展。教师要想做到因材施教，就必须对学生有深入的了解，把握学生英语学习程度，了解其英语学习动机，知道学生在学习上、生活上存在哪些困惑。同时，教师既要在教学和活动中以身作则，还要在日常生活当中利用自己的个人魅力对学生学习态度、学习动机等方面施加影响。

教师要为学生树立榜样，一个优秀的教师，将让学生受益终生。在英语教学中教师应创新各种方法培养和激发学生学习英语的兴趣。教师要创造良好的学习环境，不光要营造一个良好的课堂教学氛围，也要保障好课后预习复习交流的环境。"金课"能够激发学生强烈的求知欲望和主动探究意识，具有开放性、趣味性等特点。"金课"地课堂应该是生动活泼的，课堂的氛围十分活跃，教师在专门用途英语课堂上要让学生主动、积极地参与教学活动，这样就激发了学生的学习积极性。因此，在"金课"设计时教师应充分考虑这一因素，并将其作为教学重点。良好的师生关系，是构建专门用途英语课堂良好环境的根本，二者将共同推动"金课"目标的实现。

（二）建立明确的教学目标和评估系统

开展教学活动必须明确教学目标，同时还要建立起一个完善的评估系统，这样才能确保教学活动的顺利开展。教学目标十分关键，既要求教师具有明确性，也要求学生对教学目标有深入的了解，因为只有当学生对本课程所要把握的知识点概念清晰，才能够取得理想的教学效果。

优秀的教师能够从学生反馈的信息中判断学生英语学习的状态，根据不同的反馈对教学目标进行调整，转换教学策略，创新教学活动，等等。教学活动是一个有机整体，要紧扣教学目标，评估系统还应与教学活动和教学目标相适应，如果教学活动与评价方式和教学目标不匹配，就会让学生找不到学习方向，也就难以达到"金课"的目标。

（三）引用前沿的教学内容

随着社会发展速度的不断加快，不管哪一个行业都要求与时俱进，作为教育行业的教师更要不断进步，紧跟时代的发展步伐，在教学内容上创新，这样专门用途英语教学就会源源不断地注入新鲜的血液，增强其前沿性与时代性。在信息时代，互联网技术被广泛地运用于教育教学领域。虽然给教师和学生带来了很大的方便，但同时又对教师造成了一些压力。因为网络中包含着丰富而又全面的教学资源，学生可以通过上网了解更多知识。

基于这种情况，教师更应具备扎实的专业基础知识，熟悉专门用途英语这门学科最新的研究成果与理论，清楚地了解今后专门用途英语课程的方向，这样在对专门用途英语课程进行了讲解的过程中才会更加深入和宽泛，更加顺畅地构建起以专门用途英语课堂为核心的课程体系，帮助学生建立属于自己的知识系统。专门用途英语的教学内容不能局限于教材、课本，更加重要的是发展学生思维能力，让学生拥有分析解决问题的能力，这样才能促进其今后的自主学习发展，有一个更加美好的职业生涯。思维能力和分析解决问题的能力，只有通过"金课"才能更好地养成。

（四）运用先进的教学方法

随着科学技术的发展，"00后"大学生有着深刻的时代特点，他们能够更快地接受各种信息化工具，并且迅速掌握使用的方法。这种情况下，英语教学的内容就必须带上信息化时代的特色，需要教师精心设计，教师还要强化教学过程中的监督管理，运用有效的教学手段，才能形成更加先进的教学方法。教师在课堂中起着引导者、组织者的作用。在课堂上，先进教学方法的设计，一定要紧扣"学生是课堂的真正参与者"这一要旨，设计出让学生主动参与、以互动交流为主的课堂教学活动与教学策略。教学方法在设计上并无固定模式，而先进的教学方法又不能脱离时代发展的需要，要顺应环境和时代的变化趋势，将专门用途英语教学特点体现出来，而"金课"本身的准则要求就有先进的教学方法这一点。

四、基于"金课"理念的高校英语教学优化措施

（一）转变教学理念，改革课堂教学方式

从教学理念来看，英语教师为了达到提高课堂有效性的目标，有效建设"金课"，就要转变自己的角色，更新教学理念，解决教学的基本问题。同时，随着时代发展和教学改革的深入开展，高校英语教学也受到了很大的挑战，高校英语教学最重要的目标包括提高英语教学效率、增强学生英语素质、培养更多具有较强语言能力的专业人才。英语专业和非英语专业的学生，都要积极投身英语"金课"教学的建设，必须以教师为主导，主动与之配合，有助于创建专门用途英语教学"金课"，有助于理工类大学生科研英语能力的提升。此外，为了使理工类学生能够更好地适应新时代的发展需要，教师还应该将人文教育融入大学英语课程，通过开展丰富多样的活动来加强对理工类学生的综合素质教育。教师可以为学生制定更加合理的学习目标，促进学生养成跨文化交流能力，同时增强他们对相关专业的学习与研究能力。英语教师要激发学生的探索欲，培养他们的英语表达能力和阅读理解能力，形成"以学生为中心，为学生服务"的课堂教学模式，使英语课堂打破过去枯燥乏味的单向教学。另外，还需要对传统英语教学中存在的弊端加以改正，通过多种方式激发学生参与教学活动的积极性。从形式来看，教师应该坚持线上与线下互补，为学生创造一个更加有效的线上学习平台，让学生开展自主学习。

（二）创造性地使用教材，聚焦培养语言应用能力

就教学内容设置而言，教材的使用应该充满创造性，不能继续遵循过去那种

按教材讲课的"填鸭式"教学,要改变单一的教材内容,适当改革和扩展教材内容,由于理工类学生每天的学习生活都与科研实验有关,经常接触各种国际技术及英语文献,所以应该着重研究教材以外的东西,发展他们的英语实践能力,英语教师需要创造相应的问题情境。同时,注重引导学生开展自主探究活动,并结合自身经验与实际情况,制定适合自己发展的教学模式,协助理工类学生扩充与应用知识内容,坚持在"金课"思想的指导下,事先对教学内容进行调整与改进,促使英语教学内容更加实用,使学生能完全做到学有所用、学有所得。此外,教师还要注重将教材与实际相结合。教师创造性地使用教材有助于学生英语知识的充实,为学生构建一个更加综合的学习平台,使之成为具有较强跨文化交流能力的高素质人才。

(三)构建良好的师生关系,促进学生学习效率的提高

课堂文化中还包括良好的师生关系,建立良好的师生关系,有助于营造和谐友爱的课堂气氛,学生在这种良好的氛围下学生自然可以提高学习效率。师生间良好的关系不仅能够使课堂教学事半功倍,还可以让学生更好地掌握知识和技能,提升个人综合素质。所以,在日常教学活动当中教师应注重多与学生沟通、互动,多用情感教育,注重对学生学习状态、心理状态的关心,以此来拉近与学生之间的距离,这样有助于形成良好的师生关系。另外,教师应注重自身人格魅力的提升,通过不断地完善自我来增强自身的影响力,从而使师生间产生亲近感、信任感、凝聚力及亲和力。教师在教学中应坚持培养高尚的品格,向学生传达正确的价值观。

(四)端正学生的学习动机,激发学习兴趣

当下,大量工作岗位及科研项目对学生外语能力提出了更高的要求,所以专门用途英语教师应该重点激发学生的学习动机,启发他们学英语,让他们对学好英语感兴趣。教师要通过多种方法培养学生对专门用途英语这门课程的学习热情,从而提升学生综合素质水平。从教学形式来看,教师应该创新课堂教学模式\改善讲课方式,如影视资料的介绍,在课堂上进行师生互动游戏等,这样学生的注意力更容易集中,使学生自觉自愿、积极主动地投入课堂活动,并使学生在英语课堂上体会到快乐。专门用途英语课堂应从应试教育的模式中解放出来,坚持给学生打造创新的课堂,调动学生的内在积极性,促进学生的发展。

(五)创设有效教学情境,促进英语习得的进程

构建"金课"课堂,应坚持设置相关情境,将公共英语课程过渡到学术英语或专门英语。创设教学情景,是以专门用途英语知识内容为依托,为学生营造真实的氛围,打造生活气息浓郁的特定场景,从而实现学生实践能力与英语表达能力发展的目标。教师在教学中应该坚持为学生营造好的情景,比如,教师可给学生营造师生互动情境,学生可以与教师沟通某个问题;举办英语沙龙,这样可以每期选择不同的有针对性的话题,如对于理工科学生在参与科研实践过程中所遇到的有关英语方面的问题、文献阅读英语问题等。该方法可以有效地提高学生英语阅读与表达能力,促进专业知识学习。

(六)科学评估课堂教学,及时进行教学反思

构建专门用途英语"金课"课堂,就必须坚持以课堂机制为基础,以课后评价机制为重点,健全考评体系,将专门用途英语课堂挑战度高的特点体现出来,只有这样才能真正提升专门用途英语课程教学水平。过去多数高校英语教学评价方法多集中在学生英语期末成绩、四六级等方面,对于学生日常学习状态并不关注,也不重视教师课堂教学情况,由此造成所评估数据与事实不符,很难体现学生真实的学习状态与结果。所以为了能够真正发挥"金课"的价值,必须建立一套行之有效的评价体系,坚持把教师课堂教学情况作为工作重点,多角度评价教师教学方法和教学方式等各个方面的考核,还要增加学生的参与评价,学校应给予学生意见和足够的关注度。在这样的形势下,英语教师可以获得真实、有效的反馈信息,这样才有利于其及时调整自己的教学方法与课堂模式,实现更加有效的教学,确保英语教学质量。也为学生提供了表达自己观点的途径,特别是对于英语方面比较薄弱的理工类学生,能将他们的问题与看法及时反馈给教师,教师能及时地进行改进,同时也有利于学生有效学习。

参考文献

[1] 邹敏敏,张优,曾冬梅,等.专门用途英语教学探索与实践[J].化工高等教育,2023,40(1):127-130;156.

[2] 项丽莉.专门用途英语教学中英语素养培养模式探讨[J].英语广场,2023(4):91-94.

[3] 郭琳琳.交互式专门用途英语教学探究[J].韶关学院学报,2022,43(11):32-37.

[4] 蒋潇.专门用途英语测试探究[J].海外英语,2022(20):103-104.

[5] 张玉莲.专门用途英语视角下人才培养质量评价探析[J].云南开放大学学报,2022,24(2):93-97.

[6] 谷志忠.新《指南》背景下高校专门用途英语改革研究[J].上海理工大学学报(社会科学版),2022,44(4):341-345.

[7] 王佩,王洪宁,白桂荣.非英语专业学生的专门用途英语教学研究与实践[J].北华航天工业学院学报,2021,31(5):54-56.

[8] 李华.基于CBI理念的专门用途英语课程教学研究[J].哈尔滨职业技术学院学报,2021(4):130-132.

[9] 李箭.英语教学技能设计:指导与训练[M].2版.南京:南京大学出版社,2018.

[10] 员艳萍.高校大学英语教学改革研究与分级分类教学模式探索[M].北京:中国文史出版社,2018.

[11] 薛美薇.大学英语教学改革方法与途径[M].北京:新华出版社,2018.

[12] 王珊,马玉红.大学英语教学的跨文化教育及教学模式研究[M].武汉:武汉大学出版社,2018.

[13] 杨鹏.中美高等教育专门用途英语(ESP)之比较研究[D].南昌:南昌大学,2018.

[14] 霍楠. 非英语专业大学生专门用途英语学习动机研究 [D]. 兰州：西北师范大学，2017.

[15] 李红梅，张鸾，马秋凤. 高校英语词汇教学与习得研究 [M]. 武汉：武汉大学出版社，2016.

[16] 钟晓红，马菡. 新世纪大学英语教学探索 [M]. 成都：四川大学出版社，2015.

[17] 葛晓培. 大学专门用途英语课程的需求分析研究：以西南大学非英语专业为例 [D]. 重庆：西南大学，2015.

[18] 周玉忠，瞧秀梅. 多元文化背景下英语教师教育及教学改革探索 [M]. 银川：阳光出版社，2014.

[19] 刘娟，李艳，孟小佳. ESP 理论下的大学英语翻译教学研究 [M]. 北京：新华出版社，2014.

[20] 肖小梅. 专门用途英语的教学实践与反思：以华中师范大学经济英语课程为例 [D]. 武汉：华中师范大学，2014.

[21] 李秋实. 专门用途英语课程设置的现状研究：以重庆大学大学英语提高课程为例 [D]. 重庆：重庆大学，2013.

[22] 郝兴跃. 英语教育与教学研究 [M]. 上海：上海外语教育出版社，2012.

[23] 王蔷，陈则航. 高中英语教学创新研究 [M]. 上海：上海外语教育出版社，2012.

[24] 吕翠俊. 从专门用途英语教学的角度反思大学英语教师自身职业发展 [D]. 太原：山西财经大学，2010.

[25] 章彤洪. 基于专门用途英语理论的高职英语教学改革研究 [D]. 武汉：华中师范大学，2010.

[26] 谷志忠. 专门用途英语课程教学设计研究 [D]. 上海：上海外国语大学，2010.

[27] 刘佳，秦岩. 浅析专门用途英语教学的理论与实践 [J]. 黑龙江科技信息，2009（10）：140.

[28] 吕红. 对职业学校专门用途英语教材编写标准的研究 [D]. 重庆：重庆大学，2004.

[29] 刘法公.论基础英语与专门用途英语的教学关系[J].外语与外语教学，2003（1）：31-33.

[30] 李长安.专门用途英语透视：专门用途英语课程设计中以学习者为中心的套路[D].西安：西安电子科技大学，2001.